「幸せ先生」×「お疲れ先生」の習慣

唯々忙しいだけ
だった教師生活が
劇的に充実する
40の行動術

真由美 著

明治図書

Author's Profile

Sawada Mayumi

澤田 真由美

●学校専門ワーク・ライフバランスコンサルタント
●先生の幸せ研究所代表

二度の教員経験があります。一度目は仕事に追われ超長時間労働。働いても働いても終わらない仕事に身も心もボロボロでした。結婚して逃げるように退職して専業主婦へ。その時に出会った「ワーク・ライフバランス」という考え方に衝撃を受けました。「結果を出しながらでも定時に帰れるの？」「こんな働き方ができるなら、あの『消したい過去』である教員時代を乗り越えられるかもしれない」と、二度と戻るつもりのなかった教職へ再び戻りました。

二度目の教員生活は、０歳の我が子を抱え、お迎えの時間に学校を飛び出す毎日。でも「大変だけど楽しい！」。自分も周りも大切にすること・仕事も私生活も幸せに過ごすことは可能だと知りました。

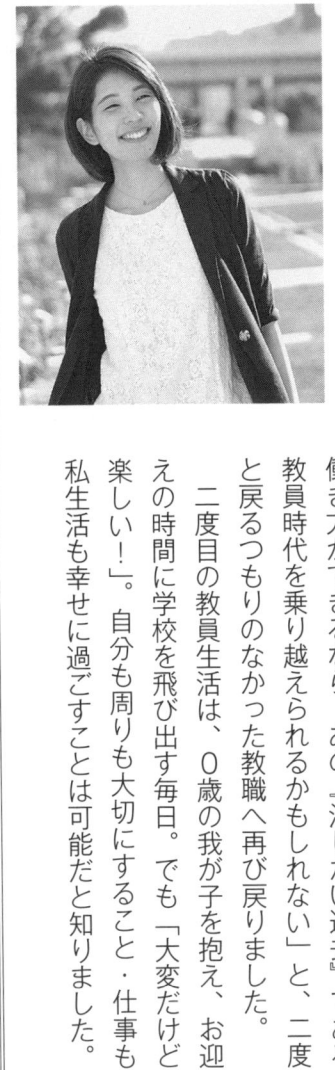

はじめに

私がコンサルタントとして全国の学校を回る中で見かけるのは、働き方改革に悩む先生たちの姿です。現場の先生たちは、「ただ早く帰るように言われても…」と悩み、管理職や教育委員会は「どうしたら働き方改革が実現するのかわからない」と。「早く帰れるようになったけれど、大切なことを置き忘れてしまった気がする」という声も聞きます。

この本は、私自身が教員として、そしてワーク・ライフバランスコンサルタントとして見た、「幸せな先生」に共通するエッセンスをまとめています。

時間と心にゆとりをもち、仕事も私生活も楽しむ『人生トータルで幸せな先生』になるために。

さあ、一緒に踏み出しましょう。

二〇二〇年二月

澤田　真由美

「幸せゆとり先生」度チェックリスト

あなたの現在地を診断してみましょう。

- □ 丸つけやミスの対応に時間をとられることはめったにない
- □ 平日夜に自宅で就寝準備以外の時間がある
- □ 自分の健康を保てる睡眠時間を確保できている
- □ 教室も職員室も居心地がいい
- □ 保護者と話すのは好きだ
- □ 朝から自分で退勤時間を決めている
- □ 今の働き方が定年まで続いても大丈夫だ
- □ 時間をどう使うと効果的なのかを考えるのが好きだ
- □ 家族や自分のことや健康管理は後回しにせず大切にしている
- □ 家と学校以外の居場所（サードプレイス）がある

あてはまる数が…

0～2個	3～8個		9～10個
危険信号!!	このままでは心配…	お疲れ先生予備軍	好循環
からから先生	お疲れ先生	仕事どっぷり先生	幸せゆとり先生
ワーク：トラブルやミス対応に追われている。	ワーク：目の前のことに追われている。帰りたい時間に帰れない。	ワーク：「子どものため」に私生活を投げ出しがち。趣味は仕事。無理しがち。	ワーク：毎日楽しい。理想の時間に退勤。気持ちにも時間にもゆとりがある。
ライフ：休日もよく出勤。あるいは家でぐったり。	ライフ：帰ったら寝るだけ。	ライフ：時間ができたらやろうと思っていることが多い。	ライフ：学校と家以外に日常的に自分の居場所がある。ライフとワークの好循環を生み出している。

Contents

著者プロフィール／はじめに…2　「幸せゆとり先生」度チェックリスト…4

1 お疲れ先生はひたすら走り続けるが、幸せ先生は立ち止まることもする。……14

2 お疲れ先生は現状維持が好きだが、幸せ先生はチャレンジが好き。……20

3 お疲れ先生はとにかく仕事を優先するが、幸せ先生は人生トータルで優先順位をつける。……24

4 お疲れ先生はネガティブオーラがにじみ出ているが、幸せ先生はポジティブオーラを発信している。……28

5 お疲れ先生は「失敗だった」と言うが、幸せ先生は「勉強になった」と言う。……32

6 お疲れ先生はとにかく子どもに手間をかけるが、
幸せ先生はまず学校生活の土台を満たす。 …… 36

7 お疲れ先生は完璧さを大切にするが、
幸せ先生は自分に正直であることを大切にする。 …… 42

8 お疲れ先生は抱えすぎて集中できないが、
幸せ先生は選択して集中する。 …… 46

9 お疲れ先生はやった方がいいことをするが、
幸せ先生はやらなければいけないことをする。 …… 50

10 お疲れ先生は自分一人でやり切るが、
幸せ先生は周りに任せて後輩を育てる。 …… 56

11 お疲れ先生は抱え込むが、幸せ先生は周りに相談する。……60
12 お疲れ先生が仕切る会議はうすくて長いが、幸せ先生が仕切る会議は濃くて短い。……64
13 お疲れ先生は何でも今日中にやろうとするが、幸せ先生は明日でいいことは明日にする。……76
14 お疲れ先生は気を遣って遅くまで残るが、幸せ先生はうまくアピールして決めた時間に帰る。……80
15 お疲れ先生は時間を気にせず終わるまでするが、幸せ先生は時間の中でできることをする。……84

16
お疲れ先生は目の前の仕事だけをするが、
幸せ先生は先のことに時間をかける。……88

17
お疲れ先生は我流に時間をかけるが、
幸せ先生は使えるものはうまく使う。……92

18
お疲れ先生は繁忙期は決まって残業するが、
幸せ先生は学期末でも残業しない。……96

19
お疲れ先生は「ちょっといい？」と聞くが、
幸せ先生は「一分いい？」と聞く。……100

20
お疲れ先生はまとまった時間に仕事をするが、
幸せ先生は一分でも仕事を進める。……104

21 お疲れ先生は「授業準備はきりがない」と言うが、
幸せ先生は「授業準備はここまでで十分」と言える。……108
22 お疲れ先生は子どもを見るが、
幸せ先生は子どもを眺める。……112
23 お疲れ先生はできるだけ教えるが、
幸せ先生はできるだけ引き出す。……116
24 お疲れ先生は教材に向き合って授業の質を上げるが、
幸せ先生は自分を磨いて授業の質を上げる。……124
25 お疲れ先生は丸つけを授業外でするが、
幸せ先生は丸つけを授業内ですませる。……130

26
お疲れ先生は**授業を整然とさせる**が、
幸せ先生は**授業でこそ自由な時間を作る。** …… 136

27
お疲れ先生は**子どもから決して目を離さない**が、
幸せ先生は**あえて子どもだけの時間を作る。** …… 140

28
お疲れ先生は**目の前の成果を求める**が、
幸せ先生は**長い目で見ることができる。** …… 144

29
お疲れ先生は**何かあってから保護者に伝える**が、
幸せ先生は**子どもの成長を日々保護者に伝える。** …… 148

30
お疲れ先生の**学級懇談会は距離が遠い**が、
幸せ先生の**学級懇談会は距離が近い。** …… 152

31 お疲れ先生は保護者をお客様にするが、幸せ先生は保護者とチームになる。…… 158
32 お疲れ先生には家と学校しか居場所がないが、幸せ先生には第三の居場所がある。…… 162
33 お疲れ先生は私生活をおまけにするが、幸せ先生は私生活をメインにする。…… 166
34 お疲れ先生は平日は帰ったら寝るだけだが、幸せ先生は平日にリフレッシュをする。…… 170
35 お疲れ先生は自分を後回しにするが、幸せ先生は自分を大切にする。…… 174

36 お疲れ先生は行政支援しか目に入らないが、幸せ先生は個人や学校裁量にも目を向ける。……178
37 お疲れ先生は「話し合っても無駄だ」と言うが、幸せ先生は「話し合うって楽しいね」と言う。……184
38 お疲れ先生は多くの「よさそうなこと」をするが、幸せ先生は少しの「本当にいいと思うこと」をする。……192
39 お疲れ先生は時間を使い切るが、幸せ先生は時間を投資する。……196
40 お疲れ先生は考える時間を放棄するが、幸せ先生は考える時間を捻出する。……202
おわりに……206

1 お疲れ先生はひたすら走り続けるが、幸せ先生は立ち止まることもする。

お疲れ先生は…

ゆっくりなんてしていられない。もっともっと。

↓

あれ？　どこに向かっていたんだっけ…。

幸せ先生は…

今日はじっくり最近や今後について考えよう。

↓

自分の人生や仕事を見つめられて、ほっこり。

羅針盤を覗いてみよう

立ち止まるとは、一度舟をこぐ手をとめて羅針盤を覗くことです。図のように、「もう一つのサイクル」を回すことです。

広い海の上で、舟をこいでいる状況をイメージしてください。オールを必死に動かしていると、ボートは進みます。近くの水面だけ見ていると、舟は前進しているように見えます。しかし、道を間違えずに進んでいくためには、本当に目的地に向かっているのかどうか、定期的に確かめる必要があります。目的地を見失ってオールをこぐことに必死になっていては、あらぬところに着いてしまったり、同じところを行ったり来たりしてしまったりするかもしれません。航海前に十分確認していたとしても、風向

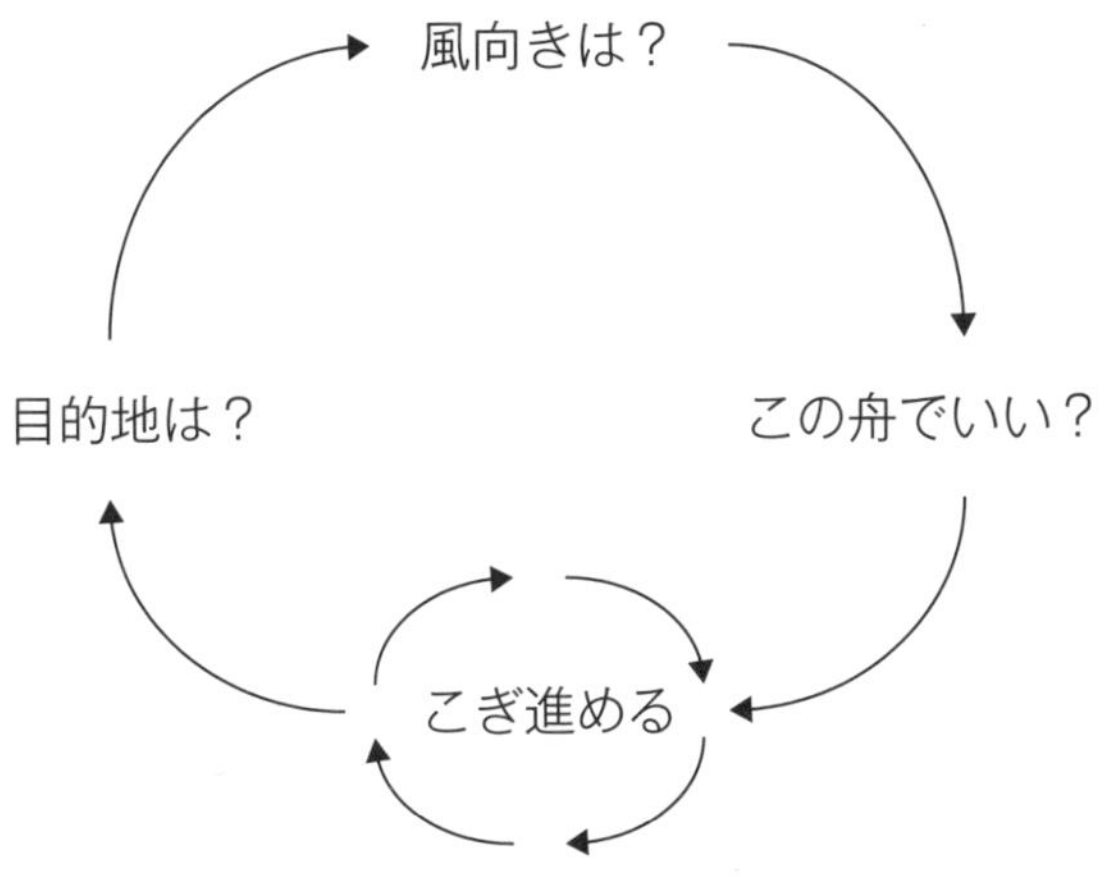

きはスタート時と違っていることはよくあります。目的地までもっと快適に行ける別の舟があるかもしれないのです。

日々追われるようにこなしているのは危険信号

日々のルーティンや目の前のことをこなすことに精一杯になっていると、「何のためにやっているんだっけ?」という肝心の目的を見失ってしまうことがあります。目の前のことを片付けることが目的になってしまっては、教職という素晴らしい仕事もただの作業になってしまいます。だいぶ進んでからでは、戻るのも一苦労です。

もう一つのサイクルを意識してみよう

たまには日々の仕事から離れて顔を上げると、より良い方法が浮かんだり、新たな気づきがあったり

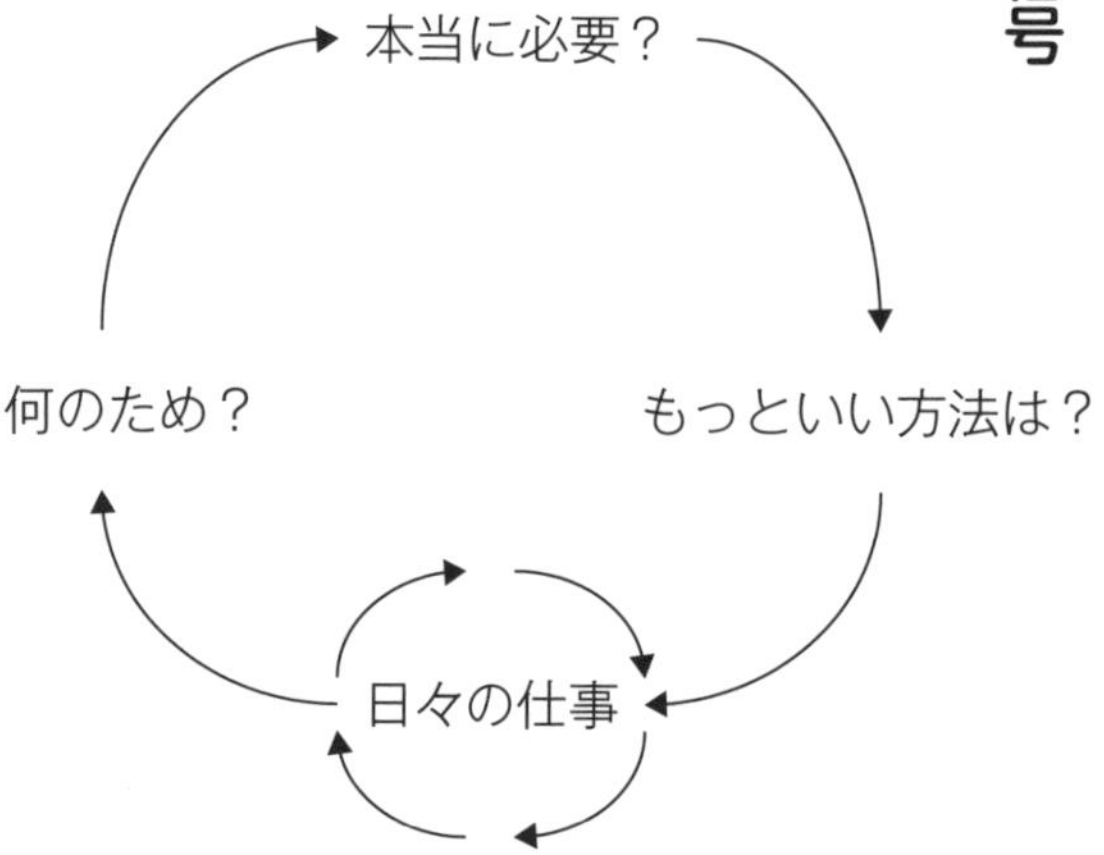

します。そうすることで、現状の問題点やそもそもの目的を見つめ直す必要性に気がつくかもしれません。これは仕事に限ったことではないのです。

例えば、「我が子においしい手料理を食べさせたい」というのは世の多くの親の願いでしょう。一家団らんで楽しくおいしい食卓を囲む、幸せな光景が目に浮かびます。私の経験ですが、「幸せのため」の手料理のはずなのに、そのことを見失って「手料理のため」の手料理という本末転倒なことになったことがありました。

どういうことかというと、私は手料理を作ることを大切にしすぎて、家族との幸せな時間を犠牲にしてしまったのです。本来、「手料理」は「家族と過ごす幸せ」を実現するための一つの手段であったはずです。しかし私は、手段である「手料理」自体が目的になってしまい、手料理にこだわったあまり、家族との団らんの時間が短くなったり、ピリピリしながら子どもを急かして食べたりしてしまったのでした。これでは幸せを遠ざけてしまっています。

そこで、たまには出来合いのものでもいいと、自分を緩めることにしました。私がこだわるべきは、「手料理」以上に「家族との幸せな時間」だったのです。

よくある例

手料理の例のように、本当の目的を見失いがちな例として、次のようなものがあります。

●集めたノートにコメントを書くことが目的になっている
↓本当の目的は「子どもとつながること」
●キャリアの授業を受けさせることが目的になっている
↓本当の目的は「子どもが自分の人生を見つめること」
●出退勤時刻を記録することが目的になっている
↓本当の目的は「勤務実態に応じた策を考えること」
●立派な行事を作り上げることが目的になっている
↓本当の目的は「子どもの自主性を育てること」
●授業研究が目的になっている
↓本当の目的は「人材を育成すること」

ここに挙げたのは例なので、実際の目的はその先生や学校ごとに違うと思います。研究授業の目的は「教員同士のエンパワメントだ」という場合もありました。大切なのは、選んだ手段が本当に目的に向かっているかです。

意識して立ち止まらないと、つい日々の忙しさに飲みこまれて、ひたすら目の前の水面だけを見ることに追われてしまいます。羅針盤を覗くという、もう一つのサイクルを意識してみると、「そもそもなんでこれをしていたんだっけ?」「始めは良かったかもしれないけど、今でもこのやり方でいいのかな?」と立ち戻ることができます。

毎回毎回立ち止まるのは無理がある場合もありますが、時おり立ち止まってみると、やみくもにこなす時間の使い方ではなく、日々のことにも意味を感じながら時間を豊かに使えるようになります。上位目的に照らしてみたら、目の前の仕事はそこまで時間をかける必要がないことや、もっと重要なことに気がつくかもしれません。

2 お疲れ先生は現状維持が好きだが、幸せ先生はチャレンジが好き。

お疲れ先生は…

とりあえず、現状維持で。

成長も変化もない！

幸せ先生は…

新しいことをやってみよう！

自分には可能性がある！

自分にできる範囲＋αで可能性を広げよう

「つかまり立ちができたからもう十分満足。歩くのはいつできるようになるかわからないし、練習で転んだら痛いから、やーらない」なんて思う赤ちゃんはいません。

人間誰しも、「成長したい願望」や「よりよくなりたい気持ち」を備えています。でも大人になるにつれて、成長への憧れを自分でも知らぬ間に押さえて、どうしても現状維持に比重を置き、「チェンジ」や「チャレンジ」にふたをしてしまうことがあります。失敗を避けたい・労力が惜しい・このままでも大丈夫…など、チャレンジしない理由は探せばいくらでもあります。でも、よりよく変わる可能性があるのに踏み出さずにいるのは、もったいないと思うのです。

元東京都教員で、学び方改革専門家の川崎知子さんという方がいます。私は川崎さんとは友人ですが、とても素敵な経験を教えてくれました。イエナラボＨＰにも詳しく書いてあるので、よかったら覗いてみてください。以下はＨＰからの引用です。

オランダでの研修に参加をし、とある学校の校長先生が言った言葉で、私の教員人生は180度変わりました！　その言葉とは…
「多くの人は、自分にできることをやろうと言う考え方をする。そうやって、自分の枠をどんどん狭めている。だから僕は、こう考えるようにしているんだ。できること以上のことをやろう、って。」
その言葉で、帰国後すぐに、小学校2年生のクラスで実践を始めました。

そうして試行錯誤してできたのが、世界一幸福度の高いオランダの教育法を日本の現行制度の学校でも実施可能にした「セレクトタイム」という新しい授業法です。

オランダは働き方先進国で残業がありません。教師も残業はしません。川崎さんはセレクトタイムの開発によって、自身の学級で「子どもの育ちと教師の時間」を両立させることに成功し、校内でミドルとしてたくさんの仕事を抱えながら、幼い子ども二人を育てることを楽しく両立させました。新しい試みですので、一足飛びに上手くいったわけではなく試行錯誤の連続で、完成と言える形になるまで数年かかったと言います。川崎さんは、この試行錯誤のチャレンジ経験を経て「失敗もいい」と思えるようになったそうで、教師としても人としても一皮むけ、日本を飛び出しオランダに移住してオンラインで日本の先生向けに学び方のゼミをするなど、自らの可能性を広げ続けました。

ゆでガエルの話というのがあります。いきなり熱湯にカエルを入れると当然飛び出して逃げます。しかし、水から入れて少しずつじわじわと温度を上げると、カエルは気がつかないまま茹で上がって死んでしまうというのです。

あなたの働き方はゆでガエル状態になっていないでしょうか。学校は毎年じわじわと少しずつ業務が増えていっていますが、数十年来、現場の頑張りで何とかカバーしてやってきました。ところが私が教師からコンサルタントに独立した二〇一五年頃は、全くと言っていいほど学校の過重労働は現場でも世間でも話題になっていませんでした。大半の先生は、「もっと大変な業種は多い」「教師なんてこれが普通だよ」と言っていたのを覚えています。働き方についての話題は組合で少し出る程度でした。でも実は当時から、他業種を大きく引き離して、学校は超長時間労働業種だったのです。

本当に今の働き方でいいのか。今の授業スタイルでいいのか。今の生徒指導でいいのか。現状維持でいるつもりが気づいたらじわじわと数年後、「こんなつもりじゃなかった」ということになる前に。気がついた時から仕事と人生の舵を切り直しましょう！

3

お疲れ先生はとにかく仕事を優先するが、幸せ先生は人生トータルで優先順位をつける。

お疲れ先生は…

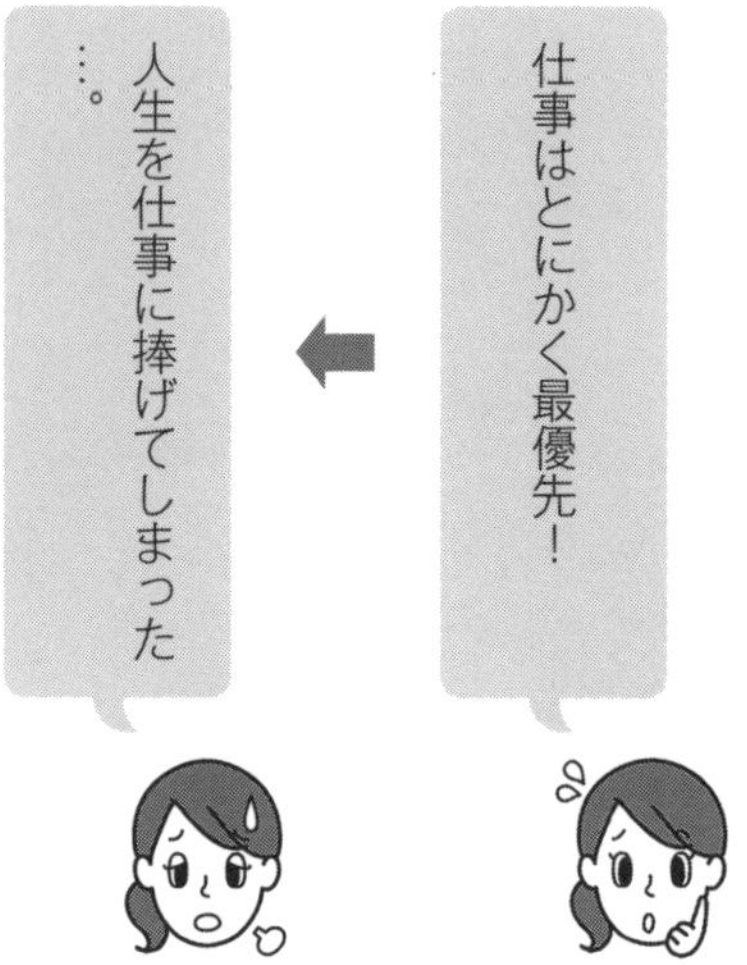

仕事はとにかく最優先！
人生を仕事に捧げてしまった…。

幸せ先生は…

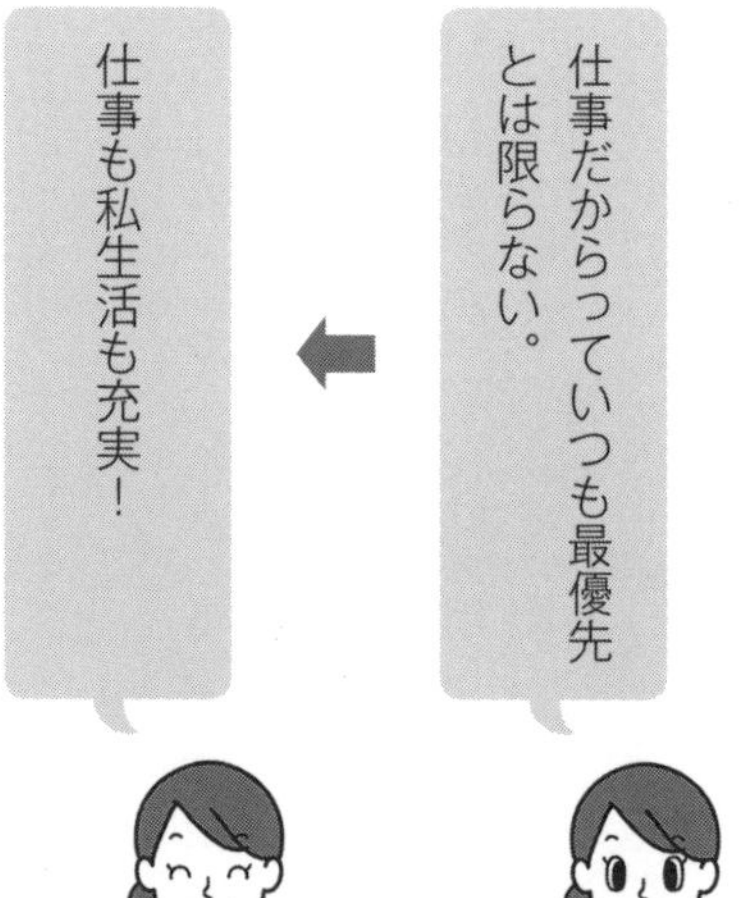

仕事だからっていつも最優先とは限らない。
仕事も私生活も充実！

私生活を後回しにしない

彼氏から結婚を申し込まれていて、自分も結婚したいのに仕事との両立に自信がなく、YESと言えずにいるという先生がいました。また別の先生は、料理を習いたいけど、「習い事なんて教師として一人前になってからするものだから」と習い事を控えているうちに一〇年たってしまったそうです。仕事か結婚か、仕事か習い事かの二者択一だと人生の面白さが半分になってしまいます。仕事も私生活も分け隔てなく優先順位をつけてみると、道が開けることがあります。仕事のやり残しをしないことと同じくらい、私生活でもやり残しがないかどうかチェックしてみることです。

人生トータルで優先順位をつける

人生は教師としての時間だけではありません。一人の人としての時間も全て含めてこそ人生です。あなたの人生トータルでやりたいことを叶えていきましょう。

私は大阪で二度目に教員になる前に、人生を考え、やりたいことを考えてみました。これらを叶えられたら間違いなく楽しいだろうなーとわくわくしながら。それがこの枠内のものです。

そして、それぞれいつの時期までに叶えていたいのか、いつ頃実現させたいのかを考えました。すると、日々の時間の使い方が、これらを実現できるかどうかを大きく左右していることに気がつきました。例えば※の「旅行」ならあらかじめ日程を押さえておく必要があったり、一緒に行く家族と行先を検討したり手配したりということが必要です。いきなり「旅行」が叶うわけではなく、準備しなければいけないのです。また、※※の「保護者対応を得意にする」も、ある日突然得意になるのではなく、確実に叶えるためには、保護者対応の得意な先生に工夫を聞く・保護者対応に関する本を読む・心理学を学ぶなどのステップがあります。

「いつか時間ができたら」「教師として一人前になってから」「余裕がある時に」と言っていると、いつまでも叶えられないことに気がつけます。日々の生活の中に実現までの道

【したいこと】
出産・子育て
夫婦力を合わせて共働き
※毎年何回かは旅行に行く
月に数冊の本を読む
教員採用試験に再び受かる
※※保護者対応を得意にする　等

のりを落とし込んでいくと、実現に向けて時間を上手に使えるようになり実現可能性は上がります。

人生を彩り豊かにすること

人生は時間です。時間をどう使うかを考えるということは、限られた人生をどう過ごすかを考えることそのものです。限られた命を使って何を体験し、どんなことをしたいのか、何を目指すのかを考えてみること。

> 自分の人生を彩り豊かなものにするには？
> 大切なことを本当に大切にするには？

このことを真剣に考えてみると、人生における優先順位に気がつきます。教師としても人としても最高に幸せだったと言える人生にするために。人生の優先順位を考えてみてください。

4

お疲れ先生はネガティブオーラがにじみ出ているが、幸せ先生はポジティブオーラを発信している。

お疲れ先生は…

はぁ〜〜、いやなことばっかり。

幸せってなんだっけ。
いつか幸せになりたい…。

幸せ先生は…

自分で自分をご機嫌に！

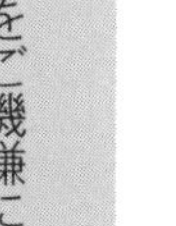

幸せは循環するんだなあ。

ネガティブオーラは伝播する

詩人ゲーテの言葉で「人間の最大の罪は不機嫌」というのがあります。

私は「不機嫌の垂れ流しは罪」だと思っています。何でも否定する・怒ってばかり・ため息や腕組み・仏頂面といった不機嫌な人はネガティブオーラが出ているので、周りの人にも影響が出ます。不機嫌な人がいると、周りも引っ張られて生産性が落ちたり場の空気が悪くなったりしてしまいます。

先生だって人間ですから、落ち込んだり怒ったり、ネガティブになることがあって当然です。それ自体は自然なことであり、無理に抑えることはありません。人間、ネガティブもポジティブも両方持ち合わせているものです。悲しい時や怒りたい時は思いきり出しきったらいいと思います。

ただ、それを職員室や教室という公的な場で垂れ流してしまうことは、周りにも自分自身にも悪影響です。ネガティブオーラが周りに伝播し、学級や職員室の雰囲気、学年団との関係性が悪くなってしまっては、まわりまわって自分にとっても居心地が悪くなるなど、自分自身にその影響が返ってくるかもしれません。

自分を幸せにするのは自分

自分の機嫌を自分で上手にとって過ごすことは、今現在とその先の未来の幸せにつながっています。

成功とは「幸せに成ること（成幸）」として、全国講演などで多くの人の幸せスイッチをオンにしているお笑いセラピスト尾崎里美さんの言葉で、「いつか幸せではなく今幸せでええやん！」があります。虐待や貧困などの逆境を乗り越えてきた尾崎さんの言葉には説得力があります。

今の連続が未来の自分を作っています。「いつか」幸せになりたいと言っているということは、裏を返せば今幸せではないと言っているのと同じです。今この瞬間をどう過ごすかが、未来の自分を作っています。

無意識で自分を不幸にしていた

私は以前、自分を不幸にする癖がありました。どんな研修でも内容にかかわらず受講前から「めんどくさい」「帰りたい」。でも、ある日の研修の冒頭。今の気持ちをグループで共有することがありました。私は「早く終わってほしい」と言ったのですが、一緒に受講していた同僚がニコニコしながら本当にうれしそうに「今はいい気分です。どんなことが学べるのか楽しみです」と言ったのを聞き、衝撃を受けました。「研修」＝「いやなもの」、と即時ネガティブに意味づけしていたのは私自身であり、同じ研修を受ける者同士でも、向き合い方次第でこんなに幸せそうな人もいるんだ。受講する前から、色眼鏡で自らを不幸にしていたのだと気がつきました。

ご機嫌は循環する

ちなみにこの「気分がいい」と言った先生は、周りから好かれていました。私自身もこの先生と話すと楽しくなれたものです。この先生の学年はいつも楽しそうだったのが印象的でした。幸せは伝播するので、自分が機嫌よくいることは周りを機嫌よくさせます。それがめぐりめぐって自分の元に返ってくるので、ますます居心地がよく幸せになります。職員室や教室が、子どもにも自分自身にも居心地のいいものになれるよう、自分の機嫌と上手につき合えるといいなと思います。

5

お疲れ先生は「失敗だった」と言うが、幸せ先生は「勉強になった」と言う。

お疲れ先生は…

どうせうまくいかない。

←

（解決した後も）ひどい失敗だった。

幸せ先生は…

このトラブルは、何を教えてくれているんだろう。

←

おかげで成長できた。

幸せ度UPの方法

ものごとをどう捉えるかで、人生の幸せ度は変わります。

・何事にも両面があるとしたら、いい面は何だろう
・人間万事塞翁が馬

捉え方を変えることを「リフレーム」と言います。こうしたリフレームのための言葉をいくつか知っていると、嫌な状況だったものが違ったものに見えてきます。

これは、嫌なことも見方を変えたら耐えられるという自己犠牲を推奨するためのものではありません。物事を多面的に見られるようになることで、「もしかしたらその嫌な出来事にも意味があるのでは」と感じられるようになったり、むしろ「その後の自分にとって貴重な経験だった」と思えるようになったりするかもしれません。場合によっては、その嫌な出来事は「あなたの居場所はここではないよ。耐え続けなくていいよ」と「立ち去る必要性」を教えてくれていることもあるかもしれません。

コンサルティング先のある学校で、担当の先生がとても私に攻撃的なことがありました。校内研修に伺う数日前に電話をすると、初めてお話しするにもかかわらず「あなたに私は厳しい目で見るから」と宣言され、校内研修後には「あの言い方はダメだ」「あんなやり方はダメだ」などと言われました。私は本当にショックを受け、「私をつぶそうとしているのかも」「見下されているのかも」と恐怖や悲しみを感じ、うなだれていました。

数日間沈んだ後、徐々に落ち着いてきて思いました。こんなに嫌な出来事をそのままにしていたら、ただの「消したい過去」のままずっとくすぶり続ける。フタをするのではなく糧にして「貴重な経験」に昇華させたい。そこで、「きっとこの出来事には何か意味があるはず」「このことは私に何を教えてくれているんだろう」と考えました。すると、

- 別の人が間に入って準備などを進めてくれていたので安心していて、この担当先生へのお電話が数日前になってしまった。電話のタイミングが遅いと感じて、「失礼だ」と怒っていらっしゃったのかもしれない。
- 事前の説明をしたつもりだったが、不十分だったのかもしれない。

のような気づきが浮かんできました。他にもいくつか思い当たることがありました。ショックのままにうなだれているだけでは、なかなか気がつけなかった視点でした。

私は、「先生のゆとりは子どもの輝きに直結すること」を世の常識にするために活動しています。「世の常識」にするのですから、さらに大きな仕事を今後していかなくてはいけませんし、そうした場ではもっと丁寧にしなければいけない場面に出合う可能性があります。この出来事は、そのために、「パワーアップするタイミングが来た」と自分に教えてくれていたのかもしれないと思いました。「今後、もっと礼儀を大切にする人がいる場では、信頼関係のためにも丁寧に伝えないといけない。」そのことに気がついてからしばらくして、同じ学校に二度目の訪問の機会がありました。一回目の訪問時に打ちのめされた私を見ていた、一緒に行ったコンサルタントも私の変化に驚くほど、私は落ち着いてその先生と話し、丁寧に説明することが出来ました。不思議なことに、途中からその先生がかわいく見えてきて、最後には打ち解け趣味の話で盛り上がったのでした。

これで今後のコンサルティングでの貴重な留意点がひとつ身につき、コンサルタントとして一つ階段をのぼったと感じました。「私をつぶそうとしている」とまで感じていた相手への見方が変わり、感謝すら感じたのでした。

6 お疲れ先生はとにかく子どもに手間をかけるが、幸せ先生はまず学校生活の土台を満たす。

お疲れ先生は…

コメントを書くのも、学校行事も、「子どものため」。

忙しすぎて、授業に手が回らない…。

幸せ先生は…

「子どものため」のしわ寄せがないか、確認しよう。

結果的に、子どもの学校生活が充実した！

コメントは必須？

私が一度目の教員生活で身も心もボロボロだった頃のことでした。

二学期に夏休みの作品の展示があり、クラスの子の作品に担任がコメントを書くのが暗黙の了解になっている学校でした。

ところが、ある学級の先生は書いていませんでした。前年度に私が受け持ってうまくいかなかった学年を担任して、見事に落ち着かせたその女性は、ベテランで物腰が柔らかくて、大声を上げる指導は一切しない優しい先生でした。私はその先生に、「子どもたちはコメントを書いてほしいって言いませんか？」と尋ねました。返事は、「学校にはコメントを書く時間が確保されていないでしょう。子どもたちには、『しっかり見たからね。今回はコメントじゃなくてスタンプにするね』と伝えたら大丈夫よ」。

これを聞いて私は、自分の仕事の優先順位について見直さざるを得ませんでした。もしかしたら大切にすることを間違えていたのかも…と思ったのでした。私は前年同じ子どもたちを受け持ち、一生懸命コメントを書いたり丸つけをしたり一人一人に手をかけていました。でも手をかけてもかけてもこちらを向いてくれる子は少なく学級経営はうまくいかず、大声を張り上げる指導をして私は苦しくなる一方だったのでした。

大切なのは、子どもたちの学校生活が充実していることであり、先生が子どもにいくら手間をかけたかではありません。学級を安心して過ごせるところにできなかった私は、沢山手をかける「いい人」だったかもしれないけれど「いい先生」とは言えなかったのではないかと思います。

衛生要因

衛生要因とは「これがなければマイナスになってしまうもの」のことです。土台であり、これらがなければその上にいくらいいものを積み上げても不安定です。学校教育の衛生要因には三つあります。

- ・子どもたちの心身の安全・安心
- ・先生の命と健康
- ・日々の普通の授業

この三つがないと、他にどんないいことをプラスしても、先生も子どもも幸せになれません。

①子どもたちの心身の安全・安心

学校・学級が子どもたちにとって安心して過ごせる場であること。保護者から見ても学校が安全・安心であること。危険がないこと。少なくとも心と体が危険にさらされることなく、落ち着いて一日を過ごせる場所であること。荒れ果てた環境ではないこと。これらは「よりよい教育」の大前提となるものです。

②先生の命と健康

言うまでもなく、命より大切な仕事はありませんし、先生が倒れたとしたら子どもに与えるショックは計り知れません。学校にとっての成果とは子どもの成長ですが、その子どもたちに最前線で接する先生たちは学校にとっての資本です。先生の健康は学校教育の土台です。

③日々の普通の授業

子どもたちにとって学校生活の時間の大半は授業です。素晴らしい授業である以前に「普通の授業」が成り立っていることは最低限の条件です。それが保障できていない中でどんなにいい取り組みをしても、それでは「学校」としての役割を果たせているとは言えません。日々の授業に手が回らなくなるほど盛りだくさんの学校行事や部活動や授業研究で、「普通の授業」を満たせずにいるとしたら本末転倒です。

学校では教師の自己犠牲をほめる風潮や、日々の授業を圧迫するほどの行事をやめられないでいることもあります。ノートに全て目を通すことや凝った掲示物やマラソン大会は確かに素晴らしいけれど、それで衛生要因を脅かしてはいないでしょうか。

「子どものため」が首をしめていないか

「子どものため」という一言は大変強いパワーをもっています。学校中の大人は「子どものため」にいるのですからある意味当然です。でも、だからと言って衛生要因を脅かしてはいけません。

ある小学校でマラソン大会を行事として増やしたことがありました。「子どもの体力向上」のためです。大会そのものの時数は二単位時間程度ですが、そのためにかけた時間は膨大です。

校務分掌内の体力向上委員会にて案を作成、検討、提案。その後、各学年ごとに細案作成・ルートの下見・警察や保護者や行政など関係各所への連絡・子ども全員へ記録入りの賞状作成・2週間前から休み時間は校庭で毎日全校練習・練習開始の放送・毎朝校庭のライン引き・記録カード作成指導・低学年の場合は着替えやカード記入が授業に食い込む…。

先生たちは「忙しくなった」「普段の授業に手が回らない」とぼやきながらも一生懸命行事をやり遂げました。

これは多くの学校で見かける「学校行事あるある」です。「子どものため」になった部分もありましたが、他にしわ寄せはなかったのでしょうか。

まずは衛生要因をしっかり満たせているかを振り返ってみてください。ある調査では94・5%の先生が授業の準備時間が足りないと言っている現状です※。

過去の私がしていたように、コメントを書くという「子どものため」「素晴らしい」と学校で一般的に言われるようなことでも、それが日々の落ち着いた学校生活を犠牲にしているようでは子どもにしわ寄せが行きます。

※HATO・教員の魅力プロジェクト「教員の仕事と意義に関する調査」（二〇一六年二月発行）

7

お疲れ先生は完璧さを大切にするが、幸せ先生は自分に正直であることを大切にする。

お疲れ先生は…

先生ならこうあるべき。

←

良い先生像と本当の自分のギャップに疲れた…。

幸せ先生は…

完璧でいられないこともある。

←

完璧な先生じゃなくても、死にゃあしない！

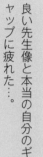

「埃では死にゃあしない。」

私が「きちんとするべき」から解き放たれるきっかけとなった、義理の母に言われた言葉です。

産後すぐのこと。子どもから目も手も離せないため、ずっと家にいるのに掃除をすることができず、部屋がどんどん汚れていきました。育児も不安だし、家事全般が産前よりもできていないし、洗濯物はたためずにたまっていくし…できていないことばかりに目がいって、自分を情けなく思っていました。

そんな時、遠方から手伝いに来てくれた義理の母の「埃で死にゃあしないから」という笑顔に救われました。「整った家であること」以上にその時の私にとって大切にしたかったのは、「気持ちにゆとりをもって過ごすこと」だと気がつきました。

今も部屋の掃除に手が回らない時があっても、「埃で死にゃあしない」という言葉を思い出します。すると気持ちが楽になり、「まず体を休めたい」とか「子どもを抱きしめたい」という自分の気持ちに耳を傾けて、落ち着いて優先順位を考えることができます。

自分を責めないでいい

完璧にできていないことで自分を責める先生たちによく出会います。

そうした先生たちの話を伺っていると、

「もっと丁寧に」
「もっと子どものために」

と、「もっと」という言葉が多く出てきます。

もしその思いが強くて、できない自分を責めて笑顔でいられなくなっているとしたら、一度「もっとしなければ」という価値観を疑ってみてもいいのではと思います。

毎日子どもが提出する生活ノートに赤ペンを入れられず、いらいらしたり、焦ったり、できない自分を責めたくなったりしたなら、一冊一冊に赤ペンを入れるのではなくハンコだけにしてもいいですし、子ども同士で読み合うでもいいですし、生活ノートはしばらくお休みということでもいいと思います。

あなたが子どもたちを大切にしたいことは子どもたちにはすでに伝わっていますので、あなたが今度は自分を大切にしても、子どもたちは離れていきません。教師として死にゃあしないのです。そんなことで教師人生は終わりません。

人間ですから、いつもいつも完璧であることなど不可能ですし、できないことや手をゆるめる日があったっていいと思います。子どもたちはそう簡単に離れません。できていないことに目が向き、自分を責めそうになった時に使える「死にゃあしない」という言葉。おすすめです。

8 お疲れ先生は抱えすぎて集中できないが、幸せ先生は選択して集中する。

お疲れ先生は…

続けることに意義がある。

いろいろ抱えすぎて、がんじがらめ…。

幸せ先生は…

時間は有限。欲張らない。

やりたいことに注力できた！

ビルド&ビルドになっていないか

「これまであったことをやめるのには心理的に抵抗を感じる」とはよく聞きます。確かに、「やめる」ことには、もったいなさや、これまでやってきたことを否定されたような気持ち、やめたら大変なことになるのではという怖さなどが伴います。そのようなリスクを冒すよりは、「長い間続けてきたことだから…」ととりあえず続けることにする方が、ある意味では楽です。

その結果として、スクラップできずにビルド&ビルドになっているのがこれまでの学校です。しかし当然ながら時間は有限なので、そのような状況が続けば、どれも力を注ぎきれずに終わってしまいます。

行事を精選すること

ある学校で、行事について話し合った際のことです。

もっと子どもに任せられたら理想的だけれども、時間がないので大人がお膳立てをせざるを得ない、という課題意識を校内全員で出し合いました。

話を進めるうちに、「行事数を精選して、一つにかけられる時間をしっかり確保してみたい」という声が上がり始めました。これまでは、行事の数が多く一つ一つに時間をかけられなかったため、生徒による実行委員の役割から行事の内容まで、全て教師が決めていました。しかし、もし行事の数を絞って、一つの行事にもっと時間と労力をかけられるようになり、大人のお膳立てではなくできるだけ子どもたち自身で話し合って決めるようにすることができたら…。それでたとえ行事が拙くて見映えの悪いものになったとしても、それこそが子どもたちにとっては貴重な学びなのではないか、という話になりました。

スクラップの意義はここにあります。「ここにしっかり時間を取ってこんなことができたら理想的だな」「これに注力したい」「選択して集中する」を叶えることなのです。

数ではなく中身で勝負

限られた勤務時間の中で必要なことに必要な時間をかけられるようになるためには、今の学校が抱えている行事は多すぎます。価値ある成果を生み出すために、一つ一つの行事にかけたい本当の時間はどれくらいでしょうか。

その「本当の時間」を確保するためには、優先順位をつけて、他のものを精選していく必要があります。

「時間を作ってどんなことをしたいのか」
「もっとじっくり取り組みたいことのためにはどれくらいの時間が必要か」

を考えてみるといいでしょう。
「やめる」のは決して悪いことではなく、創造的なことなのです。

9 お疲れ先生はやった方がいいことをするが、幸せ先生はやらなければいけないことをする。

お疲れ先生は…

やらないよりはやった方がいい。

↓

本当に大切にしたかったことがおろそかに…。

幸せ先生は…

必要不可欠なことはなんだろう。

↓

優先度の低いものに振り回されずにいられる!

やらないことを決める

学校には、「やらないよりはやった方がいいこと」があふれています。それによってよくないのは、「やらなければいけないこと」の時間が取れなくなることです。「やった方がいい」程度のことは基本「やらない」と決めないと、時間はどんどん儚く消えていきます。凝った掲示物、全員〇〇、〇〇教育、凝った教材、重複するお知らせ…。こうしたことは、「あればいい」かもしれないけれど「なくて困ること」ではありません。シンプルにして困ることはほぼないので、「ちょっとよさそう」程度のことはやめてみることで、時間が生まれます。

大人の人数もしかり

大人が当たり前のように全員出ていることについて、本当に必要かどうかを考えてもらうことがあります。

ある学校で考えたのは、職員朝会についてでした。学年などのブロックで一名が出て、それ以外の人には出た人から伝達すればいいというアイデアが出ました。全員が揃った方が「ちょっといい」のかもしれませんが、全員が必ず揃わなくてはいけないわけではありません。

この発想の転換によって、毎日五分〜一〇分の朝の貴重な時間を生むことができました。朝の過ごし方によって子どもたちの落ち着き具合は大きく左右されますし、空き時間がほとんどない小学校にとっては特に朝の五分は価値が大きいものです。

他にも、子どもたちの全校集会や学年集会、クラブ、委員会などは見守る大人の人数がそんなに必要かどうか一考する価値のあるものです。担当者は複数にして、見守るのは最低限の人数で交代しても支障がないことが多いですし、実際にそうしたことを始めている学校もあります。

「した方がいいこと」「ちょっとよさそうなこと」は時間的な余裕があるならばすればいいのですが、大半の学校でその余裕はありません。あなたの学校はいかがでしょうか。

法的根拠のあるものはいくつ?

学校にいると次々に「した方がいいこと」を勧められたり、頭に浮かんできたりしますが、絶対にやらなければいけないことの線の引き方を知っておくと、一つの基準となりわかりやすいと思います。それは、法的根拠のあるもの（主に学習指導要領に書いてあること）です。これは、最低限であり外してはいけない「しなければいけないこと」です。

ある学校で、全ての行事を洗い出したら約五〇個ありましたが、法的根拠のある「やらなければいけないこと」はたった三つだけだったことがあります。

目指す子ども像へ

では、あとの四七個は不要かというとそうではありません。法的根拠がないのに学校判断であえてやっているということが確認できると、「本当に必要かどうか」「何のためにやっているのか」「なかったらどうなるのか」「法的にはしなくてもいいのにあえてやるほどの価値を生み出せているのか」を考え始めるスタートラインに立てます。

つまり、「やらなくてはいけないこと」には二つあり、一つは法的根拠のある「やらなくてはいけないこと」で、もう一つは学校として目指すべきことのために「やらなくてはいけないこと」です。

情熱の源泉は大切に

このように考えると、先生の個人裁量の範囲内についても考えやすくなります。

先生個人をヒアリングしてどんどん掘り下げていくと、先生一人一人の「核」となる大事になるものが残ります。それこそが、先生自身の持ち味であり情熱の源泉であり、「やらなくてはいけないこと」かどうかの判断基準になります。

ある先生の「核」は「感じのいい子を育てたい」でした。それが先生の指導の軸になるし、子ども達に与えたいメッセージです。「核」が決まるとほめる・叱るの基準もおのずと決まり、どっしりとした教育観をもって指導できるようになります。そうすると、周りに振り回されたり、一見すると良さそうだけれど実はあまり意味のない指導に時間を取られたりすることが減ります。

ある先生は、自分の核に気がついた時にこう言いました。

> これまで沢山の先生に「ちょっとよさそうなこと」を勧められて、言われるがままに取り入れていたから苦しくなっていたのだと気がつきました。人によって大切にし

たいことは違って当然だし、私が大切にしたいことはこれなんだ、ということがはっきりしたので、これからは上手に受け入れたり断ったりできそうです。

この先生のように、「核」が決まると、それが基準となり仕事は精選できます。すると力の注ぎ具合の緩急がつけられるようになります。「しないよりはした方がいい」程度のことは「しない」という選択もできるようになります。「核」を自覚することで、仕事の優先順位はつけられるようになります。

それぞれの先生の「核」は、教師としての情熱の源泉ですから、それを大切にできていればやりがいが生まれ、先生として輝き始めます。先生が生き生きしていなければ子どもにいい影響は与えられません。法的根拠がある「やらなくてはいけないこと」と共に、目指すべきことに向かうための「やらなくてはいけないこと」を整理して、しっかり時間とエネルギーを注げるようにしましょう。

10

お疲れ先生は自分一人でやり切るが、幸せ先生は周りに任せて後輩を育てる。

お疲れ先生は…

自分がいないと、みんなが困る。

←

体調不良でも、何が何でも休めない…。

幸せ先生は…

自分がいなくても大丈夫な状態を目指そう。

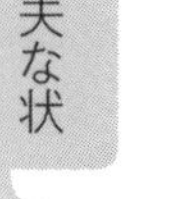

←

周りが育ってきた！

みこしは全員で

ある一人の先生にみんなが頼っていて、頼られる本人もそれを受け入れているということがよくあります。しかし、突出した誰かに頼っている組織はもろいものです。

学校全体で一人一人がみこしを担いでいる状態を目指したいものです。担いだふりをする人やぶら下がる人たちがいて一部の人だけで担いでいるのなら、全員が力を発揮できるように見直さないといけません。一部の担いでいる人が異動したり体調不良になったりしたら、みこしは倒れてしまいます。突出した先生は、「学校のために」と多くを担いでいるので心からの善意でやっているのですが、長い目で見ると、一人に頼った状態は結果的に学校をいい方向にもっていっていない可能性があります。

ある学校では、保護者の対応を全て校長先生がすぐに引き受けていました。経験の浅い教員が下手なことを言ってこじらせるよりはいいし、自分がやったら時間も短く済むので、ということでした。初めはみんな「ありがたい！」と恐縮しつつでした。しかし年数がたつと、「校長先生に頼めば何とかしてくれる」と、先生も保護者も校長先生のところにすぐに駆け込み頼り切るようになっていきました。

一見、問題は解決したように見えますが、これでは根本治療になっていません。この校長先生がずっとこの学校にいられるわけではないのです。

この校長先生のように、もしあなたのところに仕事が集まってきているとすれば、一度学校全体を見渡して、どうすれば根本治療になるかを考えてみてください。

それは、あなたが手を抜くとかあなただけが楽をするとかいうことにはなりません。むしろ学校全体のパフォーマンスを上げることになります。あなたにとっても「体調が悪くても絶対に休めない。這ってでも行く」というプレッシャーから解放されます。インフルエンザも介護も家族の一大事も、ある日突然やってきます。あなたが一人でやり切らなくても大丈夫な仕組みを作ったり人を育てたりすることが大切です。

「そんなことを言われても、自分がやらなければ行事の質は下がるし、他の人では良いアイデアは出ない」と思われたかもしれません。

ある学校で、会議のチーフですが出張が多く、いないことがよくあるA先生がいました。その学校では、チーフが出られなければ会議日程をずらすのがそれまで常識でしたが、A先生は残ったみんなで進めておくよう頼みました。するとそれが周囲を育てることになったのです。司会を任せられた先生は張り切ったし、それ以下の先生は司会をサポートしようとしました。A先生がいないことが会議参加者のスキルアップになっていました。もちろんA先生はツボを押さえて司会を任せていたので、責任放棄や丸投げとは違います。

A先生ほどはじめから上手くはいかないかもしれませんが、自分の仕事を周りに渡すことは、長い目で見ると学校のためになっています。「仕事を任せる」ことについての情報はネットや本で手に入れられますのでチャレンジしてみてください。

また別の学校では、いわゆる「できる先生」が先を見通して一人でどんどん仕事を進め、いくつかの簡単な仕事は一緒に組んでいる若手に割り振っていました。それはそれで効率的でしたが、実はついていく一方の若手先生たちには心配なことがありました。「来年度この先生と組まなくなったら、自分たちは途方に暮れてしまうのではないか」。そこで、どうしたら心配が解消され若い先生たちが自分で動けるようになるかを話し合いました。そこで出たのは、見通せる力がつけば来年度自分たちで考えて動けるようになるだろうということでした。そこで、「見通すことまでを含めて割り振る」ことにしました。自分のところに仕事が集まっているように感じる先生や見通す力がある先生はぜひ、自分でやった方が早いという目の前の効率以上に、学校全体の長期的な利益を考えてみてほしいと思います。

11

お疲れ先生は抱え込むが、幸せ先生は周りに相談する。

お疲れ先生は…

迷惑はかけられないから一人で考えよう。

事が大きくなってしまった…。

幸せ先生は…

何でも周りに相談しておこう。

自分も周りも安心！

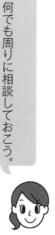

学校という組織で働く上で超重要なスキル

上手く助けを求められること、周りに頼れることは、とても重要なスキルです。ある市で驚いたことがありました。市内でも一番の生徒指導困難校が、最も時間外勤務が少なかったのです。市内で一番やんちゃで手がかかる学校ですが、市内一教職員が帰るのが早かった上に、ストレス度も市内で最も低かったのです。

その学校が市内の他の学校と最も大きく違ったことは、「問題を一人で抱えない」ということが徹底されていたことでした。

困難校だと時間はかかるしメンタルもすり減りそうなものですが、それ以上に「抱え込まないで相談すること・周りと一緒に解決すること」で時間にも気持ちにもゆとりを生むことができるのだと実感した例でした。

早いうちに相談する

早いうちに周りの人に相談することによって、問題が小さな芽のうちに解決できる可能性が高まります。何より、一人で考えていると、冷静なつもりでも思考が袋小路にはまり精神的ダメージは大きくなっていきますが、誰かと一緒に考えることでパニックモードだった頭が冷静な解決モードに切り替わります。自分とは違う面から見て一緒に考えてくれる人がいることは心強く、精神的にも時間的にもダメージが小さく済む可能性が上がります。

ぼやのうちに消す

事が大きくなってから解決しようとするのと、小さいうちに解決するのとでは、かかる労力は大きく違います。ほころびが大きくなってから学校全体で体制を作ってたくさんの人が関わって解決するのは、学校全体に大きな負荷がかかります。

みんな忙しそうなのにこんな小さなことで手をとめていいのだろうか、という若い先生の遠慮がちな声をよく聞きます。しかし相談される側からすると、ぼやのうちに相談してもらう方がダメージは小さく済むのでありがたいのです。そして実は、相談される側の声も聞くと、心配だけど声をかけていいかどうか躊躇していたということがよくあります。お互いに遠慮していてはもったいないですので、ぜひお互いに懐に入っていってほしいと思います。

また、教員には相談されるのが好きな人が多く、オープンに頼ってくれたら率直にうれしいと思う人が多いものです。相手を尊重しながら「教えてください」「助けてください」「一緒にやっていただけますか」と言うことは、案外人間関係を円滑にするきっかけにもなります。相談してもいいかどうか迷っているなら、何でも相談した方がよいと思います。煙たがられることが心配なら、相談したいことのポイントを箇条書きにしてそれを見せながら話すなど、できるだけ端的に伝えようとする工夫で効率的に伝えることは可能です。あなたが相談したいと思った相手なら、そうした誠意はきっと伝わるはずです。

12 お疲れ先生が仕切る会議はうすくて長いが、幸せ先生が仕切る会議は濃くて短い。

お疲れ先生は…

もう今月の会議かあ。

何を議題にしようかな。

幸せ先生は…

今月の会議は本当に必要かな？

必要なことだけ。段取りばっちりで濃い会議実現！

会議スキルは練習で身につけられる

あの先生が仕切ると会議がいつも時間通りに終わる、あの先生と組んだ年の学年会はいつも時間内に終わっていた、ということがよくあります。学校で行われる会議のほとんどは、主催者のスキルと事前準備によりかなり短くできます。そして、会議のスキルは練習で身につけることができます。

会議の時間削減よりも大切なこと

働き方改革の一環で会議を見直す学校はとても多いです。が、見直してみたけどうまくいかないという相談もよくいただきます。「回数も減らし時間も短く済むようになったが、どうも改善になっていない」という相談がとても多いです。そのような場合は、会議の質を見る必要があります。

〈よくある困りごと〉
・資料の事前配布はしてみたが、資料を読み上げていくだけなので各自読めば済む内容。これだとわざわざ集まる意味を感じられない。
・時間を意識しすぎて早口なので理解が追い付かない人がいる。確認が不十分なので行事の時に動きが悪い。
・質問ができない雰囲気で後から個別質問が増えた。

会議の時間短縮には成功しても、疲労感や多忙感は変わらなかったというこれらの例のようでは改「善」とは言えません。

目指したいのは、必要なことは効率的に話し合える「やってよかった」と思える会議の中身改革です。つまり会議の「質」を上げることです。

ちなみに校内で会議改革への評価が違っていることがよくあります。管理職は「時間内に終わっているからうちの学校の会議はすでに良い」とおっしゃることが比較的多いのですが、周りの教職員にヒアリングすると、「時間内には終わっているけれど…」と右記のような困りごとが噴出します。

会議前・中・終わり

会議のスキルについては様々な方法があり、調べればすぐに手に入ります。学校の会議では、主催者のスキルが大きく関わります。ポイントは以下です。

〈会議前〉
①あらかじめ案件を可視化する
②提案者は考えや方向性をまとめておく
③開始・終了時刻と開催場所を当日朝に再提示する
〈会議開始時〉
④各案件ごとの所要予定時間と開始時刻を示す
⑤開始時刻になったら遅れる人がいても始める
⑥どこまで決めたいのかなどこの会議の目的を示す
〈会議終了間際〉
⑦この会議について振り返る

〈会議前〉

①あらかじめ案件を可視化する

紙に手書きでも、付箋でも、黒板でも、ディスプレイでも、会議の規模によって柔軟にします。

ある学年では学年会で話すことについていつも集まってから「なんだっけ？」と思い出していて、非効率だったり抜け漏れがあったりしました。そこで、話したいことについて、職員室の学年の島（デスク）に小さな二〇センチ四方程度のホワイトボードを置き、日常的に思いついた時に書き込めるようにしました。学年会の際にはそれを見れば議題がすでに書き込んでありますので思い出す作業なく、すぐに会議を始められるようになりました。

②提案者は考えや方向性をまとめておく

各提案について、どの程度までその会議で進めたいのかを明確に提案者がイメージをもっていることがスムーズな話し合いにつながります。例えば今日はいろんな意見が聞いてみたいのか、結論を出したいのか、重要だからしっかり読み合わせをしたいのかによって所要時間も参加者に期待することも変わります。参加者に期待することがはっきりすれば、いつも当たり前のように所属メンバーが参加していた会議が、この案件の時には限られたメンバーに絞れることに気がつくかもしれません。出なくてもいい人はその時間を別の仕事に充てられればうれしいはずです。

③開始・終了時刻と開催場所を当日朝に再提示する

学校では、会議開始直前になって「今日はどこで集まろうか」と始まることがあります。または、前日までに決めていたけれどうまく伝達できていなかったり忘れられていたりすることもよくあります。それで開始時刻が遅くなっては時間がもったいないです。本来は各自で徹底できていれば解決するのですが、そうはいっても徹底してもしきれないこともあります。徹底できていないことを嘆くのは主催者にとって大きなストレスになるので、当日の朝に改めて確認することにすれば、主催者に余計なストレスはかかりません。職員室の黒板など、どこかに会議の場所と時刻を書くだけでよいのです。

④各案件の所要予定時間と開始時刻を示す

①で案件の可視化ができていると思うので、そこに各案件の所要予定時間と開始時刻を記入します。所要時間だけだと、時間が押しているのに自分の持ち時間きっちり使おうとする人がいる場合には会議時間が長くなってしまうので、案件ごとの開始時刻も書くことがおすすめです。

〈会議開始時〉

⑤開始時刻になったら遅れる人がいても始める

年度初めの会議発足時に、時間を大切にしたい旨をメンバー間で確認するのは効果的です。遅れた人を一分待つと、「参加者人数×一分」の時間が消えてしまう等、失われる時間コストを示せると説得力があります。もちろんどうしても遅れることもあるので、遅れた人を責めるのではなく、時刻が来たら始めるということで大丈夫です。時間にルーズな人の多い学校でも、時間が来たら始めることを続けることにより、開始に間に合う人が増え、時間に遅れる人はいなくなったということがありました。予定時刻に集まらない学校でも、主催者は、時間通りに始まる姿を信じて貫いてみてほしいと思います。

⑥どこまで決めたいのかなどこの会議の目的を示す

②と関わりますが、今日の会議のゴールイメージを共有してから始めます。そのための時間は少しかかりますが、見通しをもてることで参加者の集中力は高まります。

〈会議終了間際〉

⑦この会議について振り返る

「会議全体について」と「自分自身の会議への貢献度」を振り返る時間をはじめから考

慮しておきます。最後の二～三分でいいので振り返ると格段に会議の質は上がります。時間がなければ付箋に気づきを書いた人から解散としてもいいです。

観点は次のようなものです。

・参加者は適切だったか（自分がいる必要はあったか）
・資料はどうか
（わかりやすいか、もっとシンプルにできるところはないか、そもそも必要か）
（資料作成にどの程度時間をかけたか、もっと効率化できないか）
（来年度も使えるように配慮されているか）
・時間を大切にできたか
・発言しなかった人はいないか
（数合わせのための参加であれば次回から欠席で良い）
（必要な部分にだけ出たらよかったのではないか）
・発言者が偏っていなかったか

付箋を日常的に

付箋を使うととても効率的になるので、日常的に使うことをおすすめします。

以前、丸一日セミナーで何度も、付箋を使った会議を練習してもらったことがありました。参加し習得した先生が学校に戻って試したところ、「会議が驚くほど効率的になった」と報告してくれました。

特定の人の意見が大きすぎていつも周りが発言できなかったり、話の長い人がしゃべり続けたりということがよくあります。そんな時には付箋に全員が各自の意見を書いてから話します。すると、似た意見を集めた付箋の面積で総意がわかるようになります。声の大きい先生の意見が総意とは限らないことがわかり、建設的に話すきっかけを作れます。

話の長い人がいる場合は、「読むだけ」「説明や質問は全員が共有してから」というふうにすれば、特定の人だけが話し続けるという事態を防ぐことができます。

タイマーで時間を意識

手軽に導入しやすいのはタイマーです。

例① 子どもについての情報共有を一人一分ずつ口頭で
例② 各自付箋への記入三分、書いたことを共有五分、発散と収束一〇分

タイマーを使うことで時間を意識し始めるので、効率的になります。

ある学校の四名での会議でタイマーを使い始めた時のこと。子どもの情報共有を一人一分ずつ話すことにしてみた時に、聞き手から上がった声は、「これまで時間を意識せずに途中で質問を挟んでいたから時間がかかっていたんですね！　最後まで聞ききったら質問しなくてもわかりました」というものでした。発言にかける時間を意識して話すことによって簡潔になります。

時間の見積もりに慣れないうちは、付箋への記入時間を長くしすぎて肝心の話し合いのための時間が短くなってしまうこともあります。自分が書こうとしていることは他の人も書いてくれていることが多いので、もう少し記入したかったなと思うくらいの時間配分でちょうどいいです。こういうことが体験的にわかってくると、「このテーマの場合は記入は三分程度でも大丈夫だ」と見積もれるようになります。

時間の見積もりに慣れない始めのうちは、主催者が気負いすぎないことです。その場の参加者と一緒にスキルアップすればいいので、何分かけたらいいかをその場の参加者に聞いてもいいでしょう。

共有の際に、似ている・同じという場合は近くに貼ることでグルーピングができます。「自分は書いていなかったけどこの意見に同感の場合は付箋にマークを書き入れる」などで、できるだけ総意が視覚的にわかるようになります。といったように柔軟に工夫していくのもまた面白いです。そうやってみんなで会議スキルを上げていくことが大切です。

会議での役割分担

司会者だけではなく時間を見る人＝**タイムキーパー**も決めておくといいでしょう。全員が見えるところにタイマーを置きながら、それぞれの案件の残り時間を周知したり、時間が足りなくなりそうなら時間配分を考え直すことを促したりします。会議自体が時間内に収まらなさそうなときは、参加者に配慮して続けるか別日に設定するかを判断しますが、そのきっかけを作るのはタイムキーパーです。

記録係はホワイトボードや模造紙で全体に見えるように記録します。後から「決まった」「決まっていない」というトラブルが防げます。少人数だったら手元のノートに記入して参加者に見せながらでもいいでしょう。必要なことが書き留められているかを、要所要所で記録係が全員に確認します。

ここに書いたこと以外にも会議には工夫できることが多くあります。「出てよかった濃い会議」になるように工夫してみてください。

13 お疲れ先生は何でも今日中にやろうとするが、幸せ先生は明日でいいことは明日にする。

お疲れ先生は…

あれもこれも気づいた時にやっておこう。

芋づる式に色々気がついてしまう…。

幸せ先生は…

いつする仕事か線を引こう。

明日できることは明日！

明日できることは明日

学校はすでにいっぱいいっぱいです。明日でもいいことを今日やっていてはあっという間に時間外勤務に突入してしまいます。

本気で私生活を確保する気がないと、どんどん仕事に食いつぶされてしまいます。必ずしも今日しなくてはいけないことではないならば、貴重な私生活を一分二分と削っていくようなことは避けたいものです。

私が学校にコンサルティングに入った中で「この学校は時間を意識し始めているな」と感じることの一つは、若手の先生からも「明日できることは明日」という声が上がり始める時です。学校コンサルティングにおけるリトマス試験紙のようなものかもしれません。

明日でいいことを明日するなら、かける時間はたいてい、今日するよりも短く済みます。一日おいてみると、別のアイデアが湧いてきて効率化できたり、場合によっては「そもそも、しなくてもいいんじゃない!?」という気づきがあって、二〇分かかると思っていたことが一〇分や〇分になったりすることもよくあります。

ある先生は所属学年に難題が発生したけれど育児のため帰宅したのですが、帰って食器を洗っている時にふと「こうすればいいのでは！」という名案がパッと思いついたそうです。「最低限今日しなくてはいけない確認だけはして学校を離れたことで、あれあれ〜と自分でも不思議なくらい良いアイデアが思いつきました。学校に残って頭を悩ませる選択肢もありましたが、ずっと学校にこもっていてはだめですね。切り替えたのがよかったと思います」と言っていました。

「早いに越したことはないんだ」とステレオタイプで「今日中に！」と目を吊り上げていると、視野が狭くなります。他のやり方や、そもそも必要かといったことが浮かばなくなってしまいます。

「明日すればいい」と割り切れるということは、「明日するから大丈夫」と思える余裕と安心があって心が平和な状態だともいえます。

中には、記憶の新しいうちにやっておくほうが効率的な仕事もあります。しかし、それにしてもやり切るのではなく、記憶を書き出しておくなどどうしても今日することのみにとどめておくことで、貴重な私生活を食いつぶされるのを最低限にとどめられます。

見通しと準備を分ける

見通しを立てるために、することを洗い出してみると、「この印刷は急ぎじゃないから明日でもいいけどあまり時間がかからないから、今やっちゃおう」と仕事欲が出てくることがあります。

しかし、そこで手を出してしまってはいけません。手を出したその分だけ、私生活は減っていくのです。見通した時に優先順位を決めたのに、それを変えて割り込ませてしまうと、玉つきで仕事が押し出されてしまいます。見通しを立てることと、準備などの作業は分けましょう。

14

お疲れ先生は気を遣って遅くまで残るが、幸せ先生はうまくアピールして決めた時間に帰る。

お疲れ先生は…

話しかけられちゃって帰りづらいな。

←

もう一本早い電車で帰れたかもしれないなあ…。

幸せ先生は…

この時間には帰るんだ。

←

お先に失礼します！
（にこっ）

ゆっくりペースの人に悪気はない

時間を意識していない同僚がいて、その人たちのペースに合わせて気を遣って残っていると、先に帰ることに罪悪感を感じてしまい、帰りにくくなってしまいます。

時間を意識していない同僚たちがゆっくりペースなことに悪気はありませんし、あなたが困っていることに気がついていないものです。なので、あなたが何時に帰りたいかを知れば配慮してくれます。

帰りやすさを作り出すためにまずすべきことは、周りにあなたの帰りたい時刻を知ってもらうことです。

①卓上カレンダーで周知

おすすめは卓上カレンダーに毎日帰りたい時刻を目立つように書いておくこと。

ある教務主任の先生は帰る間際にも周りから相談が多くて、帰りづらくて困っていました。そこで、自分の卓上カレンダーに毎日の帰りたい時刻を目立つ赤字で書くようにしました。すると周りがそのカレンダーを見てくれるようになり、帰る間際に話しかけられることが激減しました。中には話しかけてくる人もいますが、「手短に概要だけ伝えるのでまた明日一緒に考えてください」などと配慮してもらえることが増えたそうです。

この「周知する」方法は学校や学年など、より多くの人数で取り組むとより効果的です。黒板やホワイトボードで各自の帰りたい時刻がわかるようにすると、お互いに何時に帰りたいのかがわかっているので配慮し合えるし、これまで退勤時刻を意識していなかった人たちにも意識する人が徐々に増えていきます。

②携帯アラームで周知

「携帯アラームで周知」もおすすめです。帰りたい時刻になったら携帯のアラームが鳴るようにしておきます。毎日同じ音が鳴るようにしておくことで、周りも覚えてくれるようになり、あなたが席を外していても「帰りの携帯鳴っているよ」と声をかけてもらえるようになり、帰りやすくなります。

気を遣って残るのはやめよう

ところで、あなたが先に帰ったら学校にはどんな困ったことが起こるでしょうか。思い切って希望時刻に帰るようにした先生たちの経験を聞く限り、特段支障はないようです。

あなたが○時には退勤する人物なんだ、と周囲に知ってもらうことは大切です。あなたがどんな人なのかを知ってもらうことをブランディングと言います。あなたというブランドを確立するのです。同僚に限らず保護者にも知ってもらいましょう。

私の場合は、年度初めの保護者会で早く帰るようにしていることを伝えたことで、定時以降に保護者から電話がかかってくることはほとんどありませんでした。年に数回、帰る間際にかかってきたことがありましたが、「もう間もなく帰ろうと思っているんです」などと正直に伝えることで連絡帳や翌日の勤務時間内の電話で済ませることができました。それについてクレームをいただいたことはありません。

帰りやすさは自分で作る

日頃誠実に仕事をしている人には職員室は優しいです。気を遣って残業するよりも、勤務時間内に密度濃くやり遂げている人の方が学校に貢献していると言えます。

今日中にやらなくてはいけないことであればもちろんほったらかして帰るわけにはいきませんが、そうではなくて心理的に「悪いな」と思っているだけであれば、思い切ってあなたの希望を表に出してみることで帰りやすさを作ることは可能です。

15

お疲れ先生は時間を気にせず終わるまでするが、幸せ先生は時間の中でできることをする。

お疲れ先生は…

終わるまでやろう。

果てしない…。

幸せ先生は…

終える時間を決めよう。

締め切り効果で集中できた！

締め切り効果

人の集中力には限界があります。にもかかわらず、「終わるまで時間無制限」という風に考えていると、集中力の下がった状態でも頭を使わねばならず非効率です。集中力の高い頭を有効に使うことを意識しましょう。

時間が無限にあると思っているか、時間には限りがあると思っているかで、頭の回転速度は変わります。時間制限を自分に課すのは、仕事の密度を上げることにもなります。

独身だった私の教員時代の失敗ですが、友人がコンサートに誘ってくれました。当時の私は「本気で帰る」という感覚がわからなかったため、「行くね」と言いながら実際の行動は「行けたら行くね」でした。結局、約束の時間までに仕事を終わらせられずに約束を破ってしまい、友達を一人減らしてしまいました。本当に申し訳なく苦い思い出です。

そんな私でしたがその後、子どもが生まれると一転しました。お迎えの時間がどうしてもあるので、「この時間に帰る！」と決めざるを得なくなったのです。帰るのが遅れれば我が子の命に関わると同時に、時間内に仕事が片付いていなければ翌日自分が困ります。

お迎えまでの時間は有限で、その時間までに終わらせていなければ、仕事が回りませんから、本気で時間の使い方を考えました。

　すると、優先順位をつけられるようになったり、これまでとは違う思い切ったやり方が思い浮かんだりし始めました。時間制限があることによって頭の使い方が変わったと感じました。

　この時間までと決めたら絶対に守る。この時間までに絶対に終えると決めて、本気で実現したいとコミットして時間制限の中で考えることが大切です。それによって、頭はフル回転し始めるのです。

自己満足になっていないか

「もうちょっと完成度を上げたい」、と思うくらいでも仕事上は実は充分である場合が多いものです。自分がもうちょっとと思う部分は、実は気にしているのは本人だけということも多いです。プロとして完成度を上げることは大切ですが、自分の満足を満たすための仕事になっているのも見かけます。どのレベルまでするべき仕事なのかを点検してみてほしいと思います。本当に大切な仕事は仕事全体の二割程度と言われています。完成度を上げるべき二割をしっかり見極め、残りの八割は徹底的に省力化することです。深く考え時間を割くべき仕事なのか、こだわらずにさっと済ませるべき仕事なのか。仕事は完璧であるよりもツボを押さえていることが大切です。

この仕事に求められる完成度を考える

各仕事に求められる完成度は違います。時間という限られた資源をどこに投資するかを考えなければいけません。

完璧に整った議事録を会議から一週間かかって共有されるよりも、ツボを押さえた議事録ですぐに配られる方が価値があります。数時間かけて言葉を選んだ通知表所見よりも、渡す時の個別で丁寧な言葉がけの方が効果があるかもしれません。情報量が多すぎてどこを見たらいいのかわからない行事提案よりも、てにをはが多少間違っていてもシンプルでわかりやすく、教職員の動き方が一目でわかる行事提案の方が価値があります。

凝ったもの、丁寧なもの、情報量の多いもの、何重にもチェックしたもの…。「こんなに手をかけて素晴らしい」と褒められそうなものは、もしかしたらツボがわかっていないために過剰な品質になっている可能性がありますので、要注意です。

16

お疲れ先生は目の前の仕事だけをするが、幸せ先生は先のことに時間をかける。

お疲れ先生は…

目の前のことをこなす日々…。

毎日毎日、仕事に追われている…。

幸せ先生は…

ずっと先のことを考えよう。

未来への投資になった!

未来への投資

「先のことに時間をかける」と言うと、前述した「明日できることは明日」と矛盾しているように聞こえるかもしれませんが、この項目で伝えたい「先のこと」とは、もっと先の未来のことです。つまり、「先のことに時間をかける」とは言い換えれば「未来への投資」です。幸せ先生は、目の前の解決だけではなく、この「未来への投資」という観点をもっています。

「働き方を見直すために時間をかけるのは嫌だ」、「この時間で少しでも採点業務を進めたい」と言う人の気持ちもわからなくはありません。働き方を見直すための時間を一時間とるかわりに、その一時間を採点業務に回せれば、目の前の時間は生むことになります。

しかしそれでは、長期的に見ると結局、あなたの時間を増やすチャンスを逃している可能性があります。なぜなら、課題解決のためには、考えたり行動したりするための時間は必ずかかるからです。

かけた時間以上の価値を回収する

例えば、業務効率化のＩＴ機器を導入したなら、使い方を覚えたり慣れたりするための時間はかかります。また、タイムマネジメント術の本を読むのにも時間はかかります。大切なのは、二時間かけたとしても、その後に二時間以上の時間が生み出せるかどうかです。かけた時間以上の時間や価値を回収することです。

働き方を見直す上では、

・無駄取りの話し合いに一時間かかったが、年間で二〇時間生み出せた
・パソコンのフォルダ整理に一時間かかったが、その後に毎週二〇分生み出せた

なんていうことはよくあります。

先のために保護者との関係を築いておく

同じことは働き方の見直しに限らず、保護者対応にも言えます。

保護者対応が苦手だからと、対応を簡単に済ませたり、できるだけ会わないようにしたりすることで、短期的には時間は生むことができます。しかし、その結果として保護者と

の関係性が希薄なままだと、些細なことからボタンのかけ違いになり、大きなトラブルにつながることがあります。年度当初に時間を投資して保護者との関係性を作っておくことで、保護者から「あの先生だったら大丈夫」と思ってもらうことができれば、後々何か起きたとしても少々のことは大ごとになりません。良い方に解釈してくれたり助けてくれたりするようになります。

保護者との関係は、こじれると時間も精神もすり減らします。何かが起こる前から良い関係を築けるように、人間関係に投資することが大切です。

突発的な対応も、実は未然にもう少し丁寧にしておけば防げたことが多いと言われています。目の前の火消しに追われているのなら、煙が立ちにくい環境を整えるといった未来への投資をすることです。特に突発的な対応が多いという人や、毎年のように同様のトラブルを抱えるという人には大切にしてほしい観点です。

17 お疲れ先生は我流に時間をかけるが、幸せ先生は使えるものはうまく使う。

お疲れ先生は…

自分で作ることが何よりだ。

とてつもなく時間がかかったのに、成果はいまいち。

幸せ先生は…

もらったものを使おう！

少し修正してあっという間にでき上がり。

テストを手作りするのは当たり前？

市販テストを使うと言うと、どう感じますか。私がはじめに教員をしていた東京の学校では、単元ごとの大テストは市販のものにするのが当たり前でした。ところが、その後の大阪の学校では、テストは教員が手作りするのが当たり前でした。地域によって教師の世界の常識は全く違うんだと感じたきっかけの一つです。

お互いに「それで大丈夫？」と思うでしょう。両方経験した私の結論は「市販品で充分」です。むしろ市販品で学期初めに全ての単元のテスト問題を見通せることは、自分自身の教材研究の時間を短縮し、ポイントを押さえた効率的な指導につながったと思います。

東レの佐々木常夫さんの言葉に「プアなイノベーションより優れたイミテーションを」というのがあります。仕事は同じことの繰り返しが多いから前の人の仕事を盗みなさい、というものです。学校にも同じことが言えると思います。全く新しいことをするのであればゼロから作らなくてはいけませんが、「手作り」のみをもって評価されるようでは仕事の評価としてはいただけません。でも学校では（特に小学校では）成果に結びついているかどうかよりも「手作り」であることが妙に市民権を得ているという印象です。短い時間で成果を出せたかどうかの見極めをもう少し厳しくしていいと思います。

既存のものや知恵はどんどん活用する

オリジナルにこだわった私自身の失敗談です。

初任の時、学級の落とし物箱を作るのに一時間かけてしまいました。すでに箱はあったのですから場所を決めて置くだけなら一秒で終わるのに、箱に画用紙でデコレーションをして、「おとしものばこ」と文字をくりぬいて作りこみました。

一秒で済む落とし物箱のために、一時間費やすのはかけすぎです。子どもたちは嬉しそうな反応ではありましたが、その一時間をかけたことによって「物を大切にするようになった」とか「落とし物が圧倒的に減った」とかの効果はありませんでした。

もし一般企業で同じことをしたら「コスト意識がない」と間違いなく上司に指導されたことでしょう。学校は仕事の仕方がお互いに見えない職人的な働き方をしています。できた落とし物箱を見て他の先生が「子どもが喜んだでしょう」とほめてくれたり実際に子どもが喜んだりすると、それでいいのだと信じてしまいます。勤務時間は限られています。自作にこだわらず、かける時間や労力と効果が見合っているかを考えましょう。

同僚の先生の知恵もどんどん借りるといいのです。同じ校内、同じ教科の先生同士なのに、お互いの授業について全く知らないということもよく見かけます。「どんなふうに進めていますか?」と聞いてみるとヒントがもらえて授業準備が短く済む可能性もあります。

私が一緒に勤務していた学校の先生で、昨年の提案資料を昨年の担当者の名前もそのままに持ってきて提案する先生がいました。昨年の担当者の名前は抜いておくぐらいのことをしなくていいのかと、はじめ私は驚いたのですが、それが実に効率的なのです。昨年の担当者名が入ったままの文書を見ながらその場で新しい担当者を決めていきます。すると、初任者でもやっていたとか、この人は二つのことをかけ持っていたというヒントがあるので難易度が想像できるのです。また、昨年が誰だったのかがすでに共有されているので昨年のことを誰に聞いたらいいのかすぐにわかり助かりました。

でき上がっているものや経験者の知恵をどんどん活用して効率的にすることは、決して悪いことではありません。日々の学校業務はほとんどがイミテーションでも今の質が保てます。それで生まれた時間を新しい価値創造の時間に充てられたら本当に素敵です。もし手作りやオリジナルにこだわっているとしたら一旦緩めてみてはいかがでしょうか。

18

お疲れ先生は繁忙期は決まって残業するが、幸せ先生は学期末でも残業しない。

お疲れ先生は…

まだまだ学期末まであと一か月あるから大丈夫。

気づいたらもうこんな時期。これから毎日大幅残業だ。

幸せ先生は…

終業式の日から逆算してスケジュールを考えよう！

学期末だけど毎日変わらず帰れる。

逆算して計画する

成績付けの繁忙期でも大幅残業をしないためには、逆算して計画することが必要です。

逆算するとは、「いつまでに終わる」という最終締め切りから巻き戻して、仕事を細分化して小さな締め切りを設定することです。この小さな締め切りをマイルストーンと呼ぶこともあります。

これができていると、どんぶり勘定で「気がつけば締め切り直前になって残業」、という事態は防げます。週単位・月単位で見通しをもち、するべきことを逆算して週案などに記入して可視化することが大切です。

逆算している人としていない人とではライフの充実度も変わってきます。ライフの予定を入れたい日があった時に、成績処理がその日までにどれくらい進んでいるのかがあらかじめわかれば、安心してライフの予定を入れられます。

〈逆算していない人のライフ例〉

成績付けの時期は、どれくらい成績処理が残っているかわからないから休日はとりあえず予定は入れられない。

〈逆算している人のライフ例〉

ここまで進んでいるから休んでも大丈夫。

〈逆算例　小学校の通知表作成の場合〉

○月○日　【大きな締め切り】＝終業式

○月○日　管理職に見せる

○月○日　清書

○月○日　最終確認

○月○日　成績計算

○月○日　テスト実施・丸つけ

○月○日　最終単元指導終了

○月○日　最終単元の指導を始める日

小さな締め切りを把握していることを「見通しをもっている」と言います。このようにすると、最終単元を始めなければいけない日がいつなのかがわかります。

大きな締め切りしか把握していないとざっくりとしか考えられないので、根拠なく「まだ一か月前だから大丈夫」という気持ちになり、気づいたら時間が足りないので焦るということになってしまいます。小さな締め切りを把握していれば、進み具合がよくわかっているので「小さな締め切りを守れているから大丈夫」となります。行き当たりばったりで直前に焦ることから解放され、ライフを犠牲にすることもありません。

最終単元の開始日を決めたなら、その前の単元の開始日も決めることができます。漠然と「時間がある・ない」ではなくて、「予定通りに進めている・進めていない」ということがわかるので、「とにかくやらなきゃ」「とりあえず時間を」という焦りから解放され精神的に安定します。決めた締め切りに間に合わなさそうだな、とわかった時点で修正もできます。時間に振り回されるのではなく、時間の手綱を引きましょう。

19

お疲れ先生は「ちょっといい？」と聞くが、幸せ先生は「一分いい？」と聞く。

お疲れ先生は…

「ちょっといい？」で一五分…。

時間泥棒になっているかも！

幸せ先生は…

一分いい？

時間を大切にする人と思われた！

時間泥棒にならないために

教員時代に、相手の時間も自分の時間も大切にする同僚がいました。話しかける時に「一分いい？」と聞いてくれるのです。本当に一分で簡潔に伝えてくれました。一事が万事で、この先生の招集する会議は時間通りに始まり、時間より早く終わります。授業が延びることもありません。

とても信頼を集める先生で、同僚や管理職からの相談もよく受けていました。私も相談をしたことが何度もありますが、「〇〇のことでちょっと聞いてもらえますか？」と言うと、「一時間ね」「二〇分ね」などと時間をあらかじめ提示されます。文字で読むとちょっと冷たい感じがすると思いますが、お互いの時間を大切にしようという配慮を感じる言い方で嫌な気はしませんでした。

時間には限りがありますので、このように時間を意識させてくれたおかげで、だらだらと脱線することもなく話せました。

のちに聞いたのですが、時間を気にせず話すのは飲み会など真面目に話さなくてもいい場だけにしているとのこと。時間を意識する場面なのか、時間を意識しないでのんびりする場面なのかを決めておくのもいかにもこの先生らしいと思いました。

その先生は、学生時代の彼女が時間にルーズで、いつも待ち合わせで待たされ続けたという経験があり、その時に「自分の時間も相手の時間も大切にしよう」と心に決めたそうです。

この先生のように「話を終える時間を決めておく」のは、自分と相手の両方ともを大切にしていると言えます。相手に合わせていつまでも付き合うのでもなく、相手の話を途中で打ち切るのでもないので、お互いを尊重している上手なやり方です。

あなたが話しかけられる側で、長引きそうだったなら、「大切なことなので改めてでもいいですか？　○日だったら放課後に○分程度を作れますがいかがでしょうか」と相手を尊重しながら自分の時間を大切にすることもできます。

合言葉　「『ちょっといい？』は五分まで」

「○分いい？」「○分までね」と声をかけるやり方は、個人でできる工夫の一つです。もし、この工夫を職員室全体や学年で取り入れるならば、「『ちょっといい？』は五分まで」を合言葉にするのをおすすめします。

「ちょっといい?」と呼び止められて気軽に応じ一五分拘束された…となると他の仕事が押し出されてしまいます。たいてい、呼び止めた方にも悪気はなく、無自覚な場合が多いのですが、このようなことになるのは、「ちょっと」の長さの感覚が人によって違うことに起因するものです。

そこで、あらかじめ合言葉として「五分」を目安にしておくことで、お互いに意識ができ、五分になったら切り上げやすくなります。

20

お疲れ先生はまとまった時間に仕事をするが、幸せ先生は一分でも仕事を進める。

お疲れ先生は…

まとまった時間でとりかかろう。

まとまった時間は残業で確保するしかない…。

幸せ先生は…

一分でも進めておこう!

一分でもはかどるもんだな～。

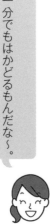

少しでもいいので取りかかり始めておく

「まとまった時間でとりかかろう」と考えていると、残業は確定してしまいます。よほど時程を工夫しない限り、多くの学校では、部活を除いたとしても授業終了後に下校指導をしていたらあっという間に一五時半や一六時です。この後に、会議や職員作業や研修といったことがあるので、少し大きな仕事をしようとすると残業になってしまいます。残業にならないためには効率化・簡略化・無駄取り・削減は当然するとして、それでもしなくてはいけないことについては、どうやって片づけるかも考えなくてはいけません。

複数の著書もある授業名人と呼ばれる先生に、時間の使い方について伺ったことがあります。「大きな仕事こそ、とっかかりは少しの時間でも手を付けるようにしている。」と教えていただきました。

大きな仕事をゼロから1にするのはおっくうですが、1だけでも進んでいると助走ができている状態から始められます。その先生は、「だから、校内でも責任ある仕事を担いながら残業もせず、学校外の仕事（執筆やセミナー）も、家族との時間も大切にできる」ということでした。

大切なのは、少しでもいいので取りかかり始めておくことです。誰でも与えられた時間は二四時間で平等ですが、アウトプットは忙しい人ほど多くできる、という場合がよくあります。その秘訣はここにあると思います。

一分で終わる小さな仕事を隙間の一分に入れ込むのはよくあると思いますが、ここで紹介したいのは、「大きな仕事を一分でも進める」ことです。

一分でも無駄にしない

また、別のある授業名人の先生からも同様の話を聞きました。

「会議室に数分でも早く着いた時は、教科書に目を通すようにした。授業準備はその数分の積み重ねの中で終えた。」

会議開始前の時間は一分から五分程度のことですが、その短い時間でも、集中すると実はクリエイティブに使うことができるというのです。

「一分では仕事にならない」と考えるのか、「一分でも進められる」と考えるのかが、大きな差を生みます。「まとまった時間で…」と思っていると、目の前にある小さな時間の価値を見逃してしまいもったいないのです。

「重要な仕事だからまとまった時間を作って…」と残業ありきではなく、区切りが悪くても一分でも無駄にしないで少しでも進めることが大切です。中途半端でも、とにかく少しでも進めておくことです。その短い時間が大きな仕事の助走になったり、価値を生み出したりするのです。

「隙間時間ができたらこの重要な仕事を少しでも進めることにする」と決めて、その重要な仕事をいつも持ち歩いておくのがおすすめです。

21

お疲れ先生は「授業準備はきりがない」と言うが、幸せ先生は「授業準備はここまでで十分」と言える。

お疲れ先生は…

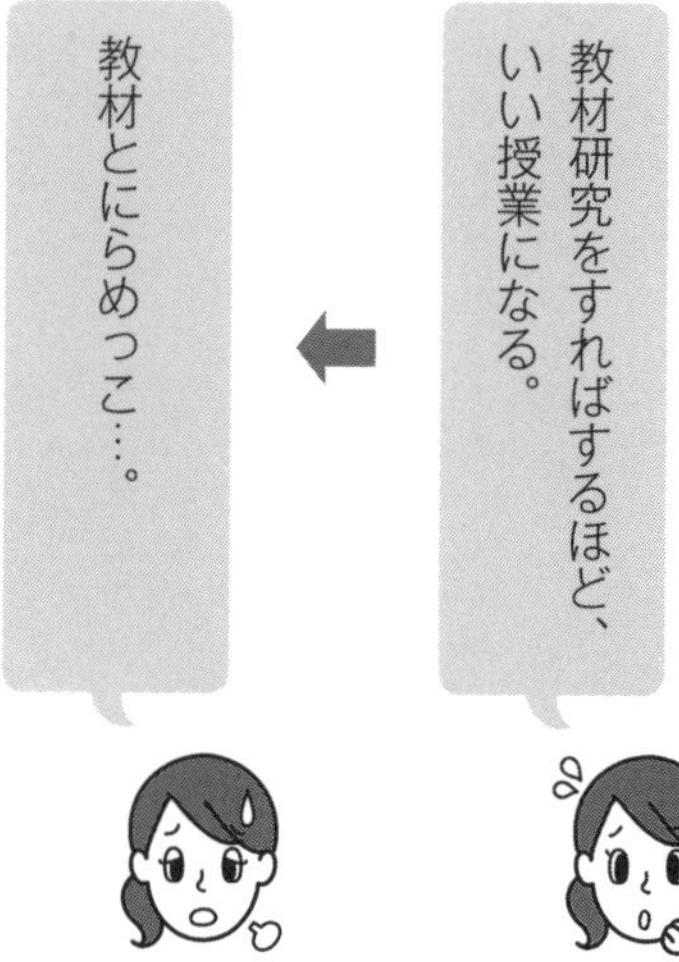
教材研究をすればするほど、いい授業になる。
教材とにらめっこ…。

幸せ先生は…

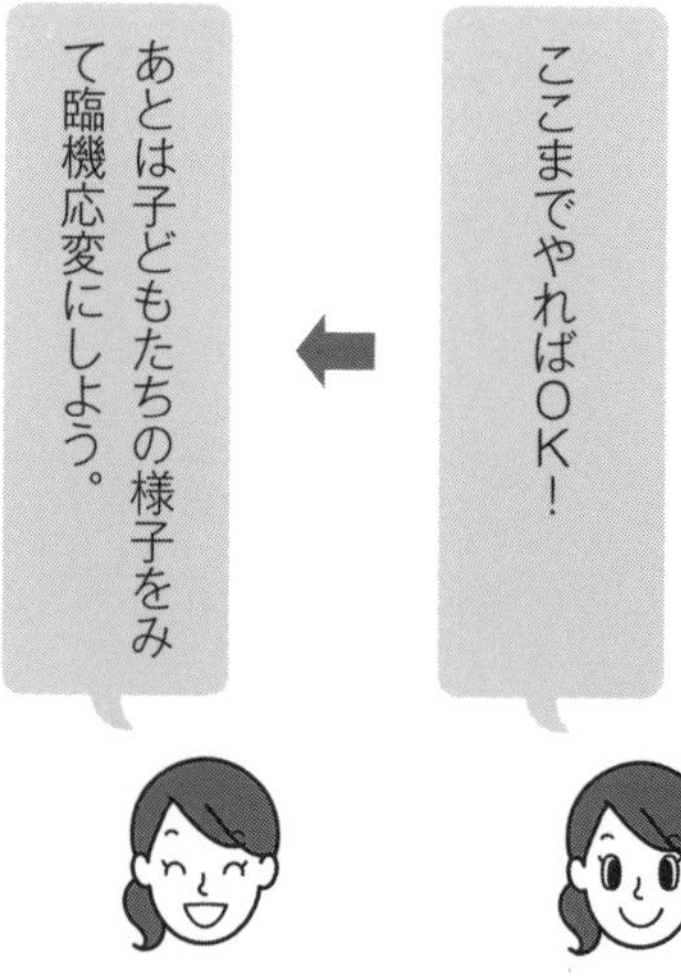
ここまでやればＯＫ！
あとは子どもたちの様子をみて臨機応変にしよう。

準備が長いからいい訳ではない

準備はすればするほどいいという人もいますが、私はそうとは限らないと思います。むしろ準備しすぎると、準備してきたことを手放しにくくなって、子どもの反応によって臨機応変に変えるということができにくくなることがあるとも思います。

ある保護者の声を紹介します。

> 準備時間が長いからといって、子どもに響く授業ができるわけではないと思います。結局子どもをどう誘導するかを考えていて、それにはまらなかった場合の、先生の無理やり帳尻合わせる感じが参観で見えると、なんだかなーって思います。その結果、息子は、「やりにくい子やなー」と先生に言われたことがあります。

耳が痛いですが、似たようなことはこの教室一件だけではないように思います。

事前準備や検討を積み重ねた研究授業はその例です。がちがちに授業の流れを固めすぎると、それに沿わない流れになった時に困ります。流れを変えた方が目の前の子どもたちにとっていいと本当はわかっているのに、変えることができなくなってしまうのです。想定外のことに思考停止してしまったり、「あんなに考えたのにもったいない」となったりしてしまいます。

以前参観した授業で素晴らしい光景を目にしました。その先生は「違う」と思った時に、予定調和を選んだり校長先生へ忖度したりせずに、後半をがらっと別展開にしました。

子どもと一緒に考えてもいいですし、臨機応変にしても大丈夫という気楽さも必要です。

最近の私自身のことを自戒を込めて振り返ると、コンサルタントとしての経験値と専門性が上がれば上がるほど、あれも知っておいてほしいこれも知っておいてほしいと知識を詰め込んだプログラムになり、参加者にとってお腹いっぱいで消化しきれないものになっていると気がついた時がありました。私はもちろん誠意を込めて一生懸命だったのに、参加者の満足度や学びの深さが、経験が浅かったころの独立したての私がやっていたセミナーの方がよかったのではと感じたのでした。私自身が積んだコンサルティング経験をできるだけ講話に反映させようと善意で頑張っていましたが、残念ながらセミナーとしては不合格です。

授業準備が短くても「ここまでで充分」と言える先生に共通すること

それは、ツボを押さえていることです。それで授業準備時間は圧倒的に短くできます。音読指導ならこう、探究学習ならこう、という感じで授業の引き出しがある程度揃っているのです。子どもたちはここでつまずきそうだな、最低限これは用意しておく必要があるな、ここは押さえないといけないなとわかることです。ツボを押さえているということは「これで安心」という線をもっているということです。

それによって「きりがない」準備からも、「完璧に準備しすぎて目の前の子どもを見られなくなる」事態からも抜け出せます。

そして何より、「きりがない」というのは際限なくいつまでも「欠けている部分」を探しているようなものです。完璧を追うがあまり、やってもやっても満足できないというスパイラルにはまってしまえば、いつまでも足りないところを探し続けなくてはいけません。それでは、「幸せな先生」からは遠ざかっていってしまいます。

軽やかに、臨機応変に。「これで安心」と自分に向けて言ってあげられる幸せ先生を目指しましょう。

22

お疲れ先生は子どもを見るが、幸せ先生は子どもを眺める。

お疲れ先生は…

教えることに必死。

子どもとずっと一緒に過ごしているのに様子がわからない。

幸せ先生は…

子どもをゆったり眺めよう。

子どものいいところや、クラスの課題に気がつけた！

「そったく同時」のために

「啐啄《そったく》同時」という言葉があります。

卵の殻をひな鳥が中からつつくのと、親鳥が外からつつくのがちょうどいいタイミングだと上手に生まれてくることができますが、タイミングを間違うと生まれてくることができないというのです。

子どもが成長しようとするその瞬間をとらえて適切な支援指導ができるのが、まさに教師の専門性です。

その専門性を発揮するには、タイミングに気がつくゆとりが必要です。教師側が時間に追われていたり必死すぎたりしては、見逃してしまいます。

授業時間は子どもと過ごす時間になっているか？

「子どもと過ごす時間の確保ために」働き方を見直しているとよく聞きます。しかし、子どもと過ごすために授業時数を増やしたいわけではありませんよね。むしろ空き時間が欲しいという本音はコンサルティング先の全ての学校で聞きます。

つまり、「子どもと過ごす時間は、一週間の中に授業という形ですでに多すぎるくらい沢山ある。にもかかわらず、その時間で子どもとじっくり過ごせていないと感じている」ということです。

では放課後に向き合えればいいかというと、放課後には他の仕事があり現実的ではありません。一番いいのは、授業の中でじっくり子どもと過ごせて、教師が「啐啄同時」の専門性を発揮できることです。

「見る」ではなく「眺める」

私はこれを「見る」ではなくて「眺める」と言っています。「眺める」というのは、「ゆったりと見る」という意味です。ぼーっと眺めて子どもの素敵な姿を見つけて幸せを感じたり、集団全体を眺めて構造的な課題に気がついたり…。そんな時間を授業の中で持つことができているということは、子どもたちは自立して動いていて、同時に、教師は気持ちにゆとりをもって教室にいる状態であるということです。

よく陥りがちなのは逆の状態です。子どもと同じ空間に物理的に一緒にいるのにもかかわらず、教師は大半の時間を教科書と黒板を見ることに費やしていたり、一部の子どもだけに目がいったりしています。これでは、せっかく子どもと過ごせているのに教師の専門性を発揮しにくく、もったいないです。

どうにかして授業中に「ゆったり眺める」時間を作り出したいと思います。これについては次項で触れていきます。

23 お疲れ先生はできるだけ教えるが、幸せ先生はできるだけ引き出す。

お疲れ先生は…

できるだけ教えたい。

授業で一番疲れているのは私かも…。

幸せ先生は…

教えることを手放して引き出そう。

子どもが学び疲れる授業ができた！

子どもが学び疲れるような授業を

「教える」のが好きで教員になった私でしたが、教員をやめて独立してから【教えないで引き出す】さまざまな実践に出合い、元気な学校づくりを応援するコンサルタントとして興味をもち続けています。子どもが育つ上に、教師の時間も生まれるからです。

『なぜ「教えない授業」が学力を伸ばすのか』の著者の山本崇雄先生にお話を伺った時には、「教えるのが大好きだった自分が教えることを手放したら、子どもはもっと学びたいと輝き始めて、同時に自分には時間ができた」とおっしゃっていたのが印象的でした。

（山本先生の話）以前は、時間をかけて導入を工夫して失敗させないように気を付ける、つまり教えることが大好きで、教えることに熱心な先生だった。

けれど、教えるのをやめた時「学びたい・知りたい・発見したい」と子どもが動き出し、子どもが教師を超えてくるようになった。教師主導で面白くするよりも子どもの表情がはるかにいいという事実に直面した時、「これまで良かれと思ってやっていたことが実は逆だった」「導入のために準備にあんなに時間をかけていたのは何だったんだ」と気が付いた。

（記事全文はこちら　http://www.imetore.com/blog/275380b1801）

「教師が教え疲れるよりも、子どもが学び疲れるような授業」が理想的だと思います。このことには概ね先生たちから異論は出ないでしょう。しかし、全国でたくさんの先生とお会いする時に感じるのは、「子どもが学び疲れるような授業」と「先生の時間」は両立できないと思っている人が多いということです。

しかし私はそうではないと思っています。この二つは両立し得るどころか、子どもの育ちを本当に実現しようととことん追求した結果として、山本先生のような先生たちの実践には時間のゆとりが生まれています。

準備の時間を減らしても教育効果は落ちないどころかむしろ上がるし、授業中にもゆったりと子どもを眺めることができるようになる方法を紹介します。

①発問の質を上げる

相手が取り組むことについての目的を果たせるように、質問を通して導いていくコーチングという手法があります。おもしろいのは、コーチングでは、取り組みそのものに講師の知識が乏しかったとしてもコーチングの手法が通用するということです。つまり、コーチングスキルをもった質問者が水泳に詳しくなかったとしても、水泳で優勝したい相手に必要な気づきや行動を促すことはできるのです。

コーチングを学んだある先生は、授業準備に時間がかからなくなったといいます。コーチングの手法によって、子どもたちの思考が動き始めるような質の高い発問を発することができるからです。質の高い問いにより、子どもたちは教師の想像を超えていきます。

一問一答のような質問の仕方ではなくて、活動に熱中できるような問いや、話し合いが始まる問いを出せば、授業中に子どもたちの活動を眺める余裕が生まれます。

②子どもが計画する

学習の順序や内容を子どもたちが計画すれば、教師が授業の組み立てについて事細かに事前に考える必要はなくなります。「個別のペースを大切にしながら進めていける」という点で、これからの学校で必要な視点です。

〈流れ例〉
①自分で計画を立てる

②計画に従って個別に学習する
③学習を振り返り、また次回の計画を立てる
　子どもたちは①～③を毎週繰り返します。教師は必要に応じて計画の立て方や学習課題の例を示します。子どもたちが慣れてくれば、ゆったりと子どもたちを眺めて素敵な姿を見つけることに時間を使えます。

③子ども同士が教え合う

　一方的に聞く座学で沢山詰め込んでも、実は残っているのはほんの数パーセントであるそうです。最も学ぶ方法は人に教えることです。ラーニングピラミッドが有名ですね。

　子ども同士で教え合うのは子どもにとって学びが深まるチャンスであり、教師にとってはゆったり眺めるチャンスです。また、教師の説明が万能とは限りません。それに、子ども同士の言葉だったら理解できるということもあります。子ども同士で学び合うのは時間にも学びにも効率的なのです。
　②の「子どもが自分で計画を立てること」と③の「子ども同士が教え合うこと」を掛け合わせた授業法に「セレクトタイム」※があります。イエナプランなど国内外の教育実践

を組み合わせて、日本の公立学校でも実現可能な形に改良したもので、私も開発に携わりました。「習熟度の違いがある子どもたちが同じ教室にいることがむしろ効果的に働く」ように工夫した授業法です。子どもたちは自分で計画を立てるのでやらされ感を軽減でき、子ども同士で教え合い学び合うことを推奨するので、早く終わったから時間を持て余すということも激減できます。実践した先生たちからは「一〇年間の教師生活で今が一番楽しい手応えを感じる」「こちらの予想をはるかに上回る学びだらけでビックリ仰天です」といった声があがっています。

④質問を子どもが作る

これはソクラテスからの慣例を全くひっくり返します。まさか「教師による発問づくり」までも前例踏襲だったとは！

「授業は発問が命」と思っていた私は当然のように発問を用意するのは教師だと思っていました。しかし、子どもが発問を作ってはいけないなんていう決まりはありません。良質な発問を子どもたちが作れるようになったなら、授業のパラダイムシフトが起こります。

そんな発想に出合ったのは、『たった一つを変えるだけ』（ダン・ロススタイン／ルース・サンタナ著・吉田新一郎訳、新評論）という本がきっかけでした。しかもやり方はそう難しくありません。詳しくは本を読んでいただきたいのですが、簡単に手順を紹介します。

・教師が「質問の焦点」（写真や言葉や文など）を提示する
・子どもたちが良質な質問を考える
・その質問を使って授業を展開する

例　（探究学習）その質問をテーマにして探究する
（読解学習）その質問を心に留めながら読むので意欲が持続する
（試験前）お互いに問いを出して学び合う

この手法は、主体的な学びを引き出す方法として私が今最も注目しているものです。授業前には「質問の焦点」をどうするかについて教師は考えるのですが、通常の授業準備に比べたらかける時間は圧倒的に短く済みます。そして何よりも、子どもが自分で作った質問なので、学びへの当事者意識が断然違うのです。すでに日本でも実践されており、実践者の先生によると、子どもたちが質問を作る方法はいたってシンプルなので、数回経験すれば習得でき、主体的な学びが実現します。軌道に乗れば教師は子どもたちが質問を考え振り返るまでをゆったりと「眺める」ことができます。

「子どもたちのあの目の輝きを知ってしまったら、もう前の授業には戻れない」。できるだけ教えないで学びを引き出す授業に転換した先生たちから必ず聞く言葉です。学びに前のめりな子どもの目の輝きを知ってしまった以上、従来型の授業には戻れないといいます。

こうした先生たちに共通するのは教師の授業中のゆとりであり、教師が授業中に話す時間が従来型の授業に比べて圧倒的に短いということです。「子どもの育ちか教師の時間か」という天秤ではなく、どちらも大切にして「眺める時間」を作り出すことはできます。ここに紹介した方法にこだわらなくても、自分に合った方法の引き出しが複数あると、あなたも子どももハッピーです。

※セレクトタイム…「イエナラボ　セレクトタイム」で検索すると詳細が出てきます。

24

お疲れ先生は教材に向き合って授業の質を上げるが、幸せ先生は自分を磨いて授業の質を上げる。

お疲れ先生は…

教科書とにらめっこ。

←

今日もにらめっこ。

幸せ先生は…

さっと準備でさっと帰る。

←

自分磨きで授業力UP!

仕事と私生活を好循環に

学校では授業準備時間は確保されていないのが現状です。休憩さえも取れない実態です。私は教員を始めた頃、「勤務時間内に授業準備の時間は確保されていないんだから残業するしかない」と途方に暮れていました。でも一方で、残業はしないのに子どもからも保護者からも同僚からも信頼されている先生がいるのも見ていました。しかし私は目の前の仕事をこなすのに必死になって超長時間残業の泥沼にはまっていったのでした。

その後数年して転機がありました。カーネギーの著書『道は開ける』『人を動かす』を手に取る機会がありました。そこにあった「疲労と悩みを予防し心身を充実させる方法」等で、いかにそれまで自分が不要なモヤモヤを背負い込んでいたかがわかりました。「これで、子どもたちとも保護者とももっと楽しく過ごせる！」と心から思いました。それからは保護者や子どもの言葉の背後にある願いがわかることが増えて、大の苦手だった保護者対応が大好きになりました。

私生活ではそれまで省エネ生活だった私でしたが、自分を成長させるのは楽しくてリターンが大きいと気がつきました。「私生活での読書が仕事に活かせるんだ、仕事と私生活は好循環だ」と実感したのでした。

衝撃だったある研修講師（元教師）の言葉があります。「その日の授業について考える時間が、教室に向かう廊下しかない時もある。それでも授業ができるようにすることだ」。私は妙に納得しました。授業と会議であっという間に退勤時刻で、授業準備時間は全く保障されていないのが学校です。自分を磨いて授業への瞬発力をつけるしかありません。

実際、この講師は何の準備もせずに校内研修会場である学校に現れ、その場で担当者が示した教科書のページを題材に校内研修が進められたのでした。「担当者が最もやりにくいと感じるページ」が選ばれ、講師は初めて見るのです。にもかかわらず、参加者の満足度は大変高いものでした。

また、模擬授業バトルなどの有志の勉強会にも参加しました。自分だったらどうするかをその場で考えるのですごく頭を使います。周りの先生たちの発想の豊かさや引き出しの多さに圧倒されながら、授業への瞬発力をつけていきました。（これは学校の校内研修でもぜひ試していただきたい方法です。数か月前から一時間の授業のために検討を重ねるのは現実的実用的ではありません。日常授業に活かせる力をつけるための近道になります。）

習い始めたウォーキングで腰痛も軽減し、家族との時間を大切にしたら家族から応援されるようにもなりました。こうして私は「私生活が充実するほどに仕事のクオリティが上がる」ということを体験を通して学んでいきました。学校で教材とにらめっこしていた時よりも学校の外で世界を広げた方が教育観も深まり教師としての優先順位や緩急もつけられるようになり、直接的な授業準備にかける時間はどんどん減っても、子どもからも保護者からも喜ばれたと感じています。私自身が人としての豊かな経験を積むほどに、教材に向き合うという直接的な授業準備時間は短くなっていきました。

だまされたと思って、「えいや！」と思い切って外に出てみることをおすすめします。「時間ができたら外に出る」のではなく、「外に出るから時間ができる」のです。

鍵は私生活にある

平日の夜にバスケを始めた横浜市のY先生の言葉です。

> ずっとやってみたかった、バスケをやり始めました。日頃の運動不足で、めちゃ太ったので、カロリー消化するために。そして、心の健康＝体の健康のために。（中略）ずっとサッカーを続けてきたのですが、手を使うスポーツは本当に難しい。でも、新

しいことを始めるワクワク感と夢中になる感じがたまらなく好きなので、楽しみながら、続けられそうです。

日々デスクワークや、教室で子どもに囲まれて過ごしていると、妙に自分自身が大人ぶる感覚や、きちっとしなきゃ感に、ある日どっと疲れます。今日、バスケをしていると、「教員」である自分から離れて、「一人の人間」としての自分に立ち返れました。（中略）自分自身の感情が揺さぶられました。子どもの頃の、夢中になる感覚を忘れないでいたいなと思います。

まずは、目標は一年間続けること。そして、二時間のバスケタイムの内、まずは、半年以内に20点は取れるようになることを目指します。

今日の得点数、0点…トラベリング1回、パスミス10回くらい？　…わはは…よかったところは、1回だけパスカットできたこと。よしゃぁ…！　怪我しなかったし！


そして数か月しての言葉はこちらです。心のゆとりが生み出されたと言います。

明らかに変わったなぁと思うのが、心のゆとり。平日の夜の時間を、ほんの少し仕事以外の何かに変えるだけで、一週間の活力になっています。アイデアも生み出されます。

バスケ以外にも外の世界を広げたY先生はまた、こんなこともおっしゃっています。

全然関係ないことも、いつの間にか直結している。学びたい学びが、一年後、二年後に新たなアイデアとなって生まれ変わることが分かりました。

Y先生のように、リフレッシュや視野を広げることに積極的な先生は魅力的です。

もし「鍵は私生活にある」ことに気がつく人が増え、充実した私生活を過ごす先生が校内にもっともっと増え、教員一人一人が私生活の充実を毎日学校に持ち寄ってきたとしたら…。学校は加速度的に元気になるでしょう。

まずはあなたから！　そして、あなたのまわりの同僚と、ぜひ私生活の過ごし方について話題にしてみてください。

25

お疲れ先生は丸つけを授業外でするが、幸せ先生は丸つけを授業内ですませる。

お疲れ先生は…

丸つけは授業が終わったらゆったりじっくりしたい。

丸つけだけで四五分もかかった…。

幸せ先生は…

丸つけは授業内で終わらせる。

放課後は余裕！

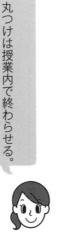

ノート点検や採点を工夫する

丸つけに限らず、できるだけのことを授業時間内や放課後開始までに終わらせるかで定時に帰れるか、持ち帰り仕事なしでスッキリ帰れるかが決まります。放課後に回していたことを帰りの会までにできるようになると、時間と心のゆとりに大きな違いがでます。どうしても子どもがいる間にはできないこともあるでしょうが、宿題や日頃の練習問題の採点や掲示物など、授業時間内や隙間時間にできることは終わらせたいものです。私の経験では、小学校の採点の場合、学テ以外は授業時間内で丸つけができると思います。

私が教員を一旦やめて次に教員になるまで、時間講師をしていた時のこと。時間講師とは授業時間数で給料が決まる非常勤講師のことです。一授業当たりいくらという契約で、その時の私は確か週に一五コマ程度勤務でした。

始めのうちはフルタイム正規採用時代と違って、日が明るいうちにじっくりノート点検や採点ができることがうれしくて、授業終了後に優雅な気持ちで丸つけをしていました。しかし、数日して気がつきました。授業時間が四五分なのに、授業以外の時間にさらに準備やノート点検に四五分かけていては時給は半減です。授業で集めたものを丁寧に見ているだけであっという間に四五分くらいたってしまうのです。翌日の準備もまだなのに。

それは、初めて「人生の時間を売って働いている」という感覚を知った瞬間でした。それまでは月給で、しかも「教職手当てが上乗せされているから他の公務員よりも給料はよくて残業代は含まれているんだよ」と先輩から言われていた時には全く気にしたことがないことでした。（残業代が含まれていると言っても一日当たり二〇分程度なので、全く実態とは合っていなかったわけですが、当時の私は深く考えずに残業し放題になっていました。）

授業時間内に終わらない分は単純に時給を下げている、ということに気がついた私は、それからは工夫を重ねました。ノート集めや採点について単元全体を見通して計画を立てるようになりました。

授業内でノートチェックを終わらせるために板書を工夫することにしました。ある程度のパターンがあれば子どもたちにもわかりやすく、点検の際も見るべきポイントがわかりやすくできます。板書のパターンが決まると板書計画にかける時間が短くなりました。ノートに書かれたこと全部をチェックするのではなく、どの部分をよく見るつもりかを意識しながらの指導をするようになりました。授業内でノートを見るために、授業の最後に五分の余裕をもつようになりました。授業の途中で見ることもあれば最後に出した人から授業をおしまい、とするなどの工夫も授業内容によって考えるようになり、時間内に全員のノートに一回は目を通せるようになりました。（全員に目を通す必要があるかどうかは今の私なら考え直すところですが、当時の私には全員のノートにその日のうちに目を通すのが「良い先生」というマイルールをもっていました。）

気になることがある時や誉めたい時は、その場ですぐに話ができるので子どもの学習理解も深まりました。驚いた効果は、授業準備の際に私自身が本時のツボがわかるようになっていったことです。板書を考えようとすると頭の中も整理されたのでした。すると、「ここは深めたい」となればその部分について自分で調べるなどの余裕が生まれました。時給を下げないためにノート点検を最短で最大の効果を出そうという試みから始まった工夫でしたが、結果的に教材研究の緩急がつけられるようになったのでした。

テストについてもそうでした。指導計画の段階で一単位時間をテスト実施の時間としてしっかり確保しました。単元末の一枚テストは一五分程度なので、テストのためだけに一単位時間確保するということを、それまではしていませんでした。しかしテストのために一単位時間を確保したことで、その中で丸つけ・転記・ミスの多い部分の解説までできるようになりました。余裕があればその場で返却できる日もありました。子どもたちも記憶の新しいうちにやり直せるので、やり直しの提出率も上がりました。「理科を楽しみにしている子がたくさんいる」「保健室で寝ていた子が次は理科だから、と起き上がった（笑）」等と担任の先生に言っていただけるようにもなりました。

教室掲示物も子どもがいる間に貼り終える

初任から数年間は作品掲示のために休日に出勤していたこともありました。しかし、子どもがいる間にできるだけのことを終わらせられるようにすることが仕事の質を上げることに気がついた私は、次に担任をした時は、教室掲示物も授業時間内に貼るように工夫しました。授業時間内でできなさそうだった時は掃除時間中に掲示しました。そのためには低学年の子どもたちでも自分たちで考えて掃除ができるようになっている必要があります。

日頃から大人がいなくてもできるだけ子どもたちだけで動ける状態をいつもイメージしてみると、今まで手取り足取りしすぎていたことに気がつきました。子どもたちにとっても成長の機会になったと思います。

選ばせる「丸つけ」・「コメント」

日々の授業内での丸つけを誰にしてもらうかを子ども各自が選べるようにしている先生がいます。先生に頼む子、友達に頼む子、自分でする子に分かれます。三分の一ずつになることも多いそうです。教師が丸つけに追われる時間が減りますし、自分で選んで決める機会に子どもたちも喜んでいます。これで三分の一の子しか把握できないかというと真逆です。丸つけに追われない分、全体を見たり個別指導をしたりすることができます。

日記のコメントについて全員が一律にほしがっているわけではないと気がついたある先生は、提出先を二つの箱を用意して「コメントが欲しい人はこちら」「どちらでもいい人はこちら」としています。自分で選んでいるので「もらえなかった」という不満が出ることもありませんし、コメントを楽しみにしている子はもちろん満足です。コメント書きの時間が圧縮できますし、いつもコメントを欲しい箱に出している子が、違う箱に出すことがあれば「何かあったのかな」と気がつくことができます。

子どもに任せる、子どもに選ばせる、子どもだけでも動ける、ということは子どもの自立を促すと同時にあなたの時間も生み出すのです。

26

お疲れ先生は授業を整然とさせるが、幸せ先生は授業でこそ自由な時間を作る。

お疲れ先生は…

あれしちゃダメ！
これしちゃダメ！

整然としているけど窮屈。

幸せ先生は…

自由に遊んでごらん。

授業で子どもの自然な姿。

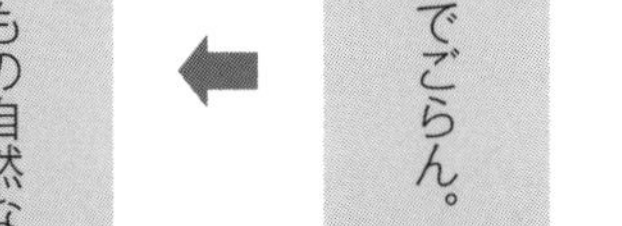

自由にゆったりと過ごせる時間を意図的に作る

地域や保護者と話し合うと、「習い事があるとかで孫にもなかなか会えない」「今の子どもたちは忙しい」という話がよく出ます。組織風土改革ファシリテーターの渋谷聡子さんによると、子ども向けワークショップの中で子どもたちが自分自身のニーズに向き合うと、子どもが欲しがっていることのダントツ第一位に上がるのはいつも同じで「自由・休息」だといいます。今の生活はぎっしりすぎているのでしょう。子どもたちの息が切れてしまいます。肩の力を抜ける時間を意図的に作りたいものです。

ある高校で、放課後の補習を希望者のみの自由参加にしたり、部活動の朝練を無くしたりしたところ、朝から子どもたちが目に見えて元気になり、表情もはつらつとするようになったこともありました。（そしてなんと体験入学希望者が増えました。）

ゆったりした時間を作る様々な方法は前に述べたので、ここでは「自由」「自然」について触れたいと思います。K先生の実践を紹介します。

鍵盤ハーモニカを初めて触る際の指導です。子どもたちに「思う存分、好きなように触っていいよ」とたっぷり時間をとりました。安全に関する約束以外は特に説明もせずに、めちゃくちゃに吹いても、すでに弾ける子に習ってもいい。和音も短音も、吹いても吸ってもOKです。

しかし隣のクラスでは、「勝手に吹いちゃダメ」という先生のお達しのもと、指の置き方や姿勢を整然と教えていたそうです。「習っているから吹ける」と言った子は、「できるからって自慢しないの」と一喝され、目の前の鍵盤が気になって触った子は叱られながら授業を受けました。整然としているので、一見すれば指導が行き届いて落ち着いたクラスに見えるのですが、どうも窮屈な不自然さを感じます。姿勢、約束、正しさ…こうしたことを知る前に、とことん遊ぶのが子どもではないでしょうか。

K先生のクラスでは、遊ぶ中で興味が湧けばラッキー。すでにできる子が脚光を浴びるのは自然。興味津々で楽しむ子どもの姿を大切に、という思いのもとで授業づくりがなされていました。思う存分遊んでいる子どもたちを眺めるのはK先生にも幸せだといいます。

鍵盤ハーモニカに限らず、様々なシーンで同じことが言えます。別のM先生の場合は、理科の電気やてこの単元の一時間目を、自由に道具で遊んでいい時間にしました。てこであれば、子どもたちは重りをぶら下げて遊びます。正しくない使い方でも、器具が壊れなければ目をつぶる。そのうち、ぶら下げる場所によってなんだか決まりがあるようだということに気がつく子が出てきます。気がつかない子がいたって別に構いません。

子どもたちは、面白そうなものがあれば自由に触ってみたいし、飽きるまで遊びたくなるのが自然だと思います。そうする中で、「釣り合わせるには」「いい音を出すには」といったことに目が向いていったら儲けもん。子どもをよく見る余裕が先生にも生まれるので、子どものつぶやきをうまく拾って授業展開につなげることもできます。

子どもたちに目を配りつつ、その授業時間内に教師は色々なことができます。M先生の場合はまず、第1時で自由に遊ばせながら単元全体の展開について思いを巡らせ、次時の準備をすることができました。所見に書きたくなるいいところ探しもこの時間にできました。

子どもたちの興味・関心を活かすことは、多くの先生がすでに工夫をしていることと思いますが、「自然に」「自由に」をキーワードにしてみると、もっと創造力豊かに「子どもの育ちと先生の時間」は両立できる可能性が広がります。

27

お疲れ先生は子どもから決して目を離さないが、幸せ先生はあえて子どもだけの時間を作る。

お疲れ先生は…

子どもを見ていないと気が気じゃない！

↓

大人が見ている間はいい子たち。

幸せ先生は…

たまにはあえて目を離そう。

↓

大人を意識しなくても過ごせる子どもたち。

子どもは「大人がいない時間」にこそ成長する

学び方改革専門家の川崎知子さんと、授業プラン「セレクトタイム」を共同開発した時の言葉にハッとさせられました。「日本の学校に足りないのは『大人がいない時間』だ」というのです。川崎さんは日本で教員をしたのち、オランダの学校に入り込みながら大人も子どもも幸せな教育について学び、日本の先生たちにオンライン勉強会などを実践しています。オランダは残業がほぼゼロで、子どもの幸福度は世界一位です。日本の公立学校の内情を知った上でオランダの学校に入り込んだことで、日本を客観的に見つめて気がついた川崎さんの言葉には、学ぶべきところがあると思います。

私が勤めていた学校でのことです。校内で信頼を集める職員室の母のようなM先生。娘ぐらい年の離れた私に何かと声をかけ自身の実践を紹介してくれました。

ある時、M先生がご自身の教室の前に立っていました。目が合うと手招きしてこう教えてくれました。

「教室の中では、子どもだけで卒業式の歌の練習をしているの。私が入ると大人の目を気にして、よい子になろうとする気持ちが出てきてしまう。それでは子どものためにならない。大人の目を意識しては意味が違ってしまうでしょ。だから私は姿を見せないようにしているのよ」と。

M先生はこの時だけに限らず、子どもたち同士の話し合いの間も、そのようにして教室から離れていることがありました。

目を離さずとことん付き合うのが「よい先生」のように思っていた私でしたが、そうとは限らないと気がつきました。「大人がいるからできる」ではなくて、さらにその上の「大人がいてもいなくてもできる」を目指したいと思いました。（もちろん安全面は配慮した上で。）いつまでも教師がそばにいてやれるわけではないのだから、離れた時のことを想像して少しずつ目も手も離していく。本当の成長を願う教師の姿があると思いました。

「〇〇がいなくても大丈夫」な状態をつくる

教師に限らず、私のようなコンサルタントも実は同じです。コンサルタントがいなくても自分たちで学校の課題を解決し、元気な組織に生まれ変わる「自走する学校」であれば、コンサルタントは不要です。究極的には私のようなコンサルタントは廃業することが理想的だと思います。

校長先生も同じです。「校長が不在で困る」とぼやく先生がいますし、逆に「校長不在にはできない」と言う校長先生もいます。しかし、学校改革を果たした校長先生というのは、他校から校内研修に呼ばれることが増えてご自身の学校を空けがちになります。そういう校長先生の一人に伺ったことですが、「校長が不在でも回る学校を作っている」ということでした。教員が相談に来ても答えを与えるのではなく「どうしたい？　どうしたらいいと思う？」と問い返すのだとか。根気強くそうするうちに、自分で考えて動く先生が増えていくと言います。実際、その学校の教員に話を伺う機会がありましたが、今では「自分たちで考えて動けるから校長不在でも大丈夫」なのです。

ちなみに、私がオランダに視察に行った時に現地で見たことですが、オランダでは複数校の校長をかけ持つことがよくあるので、数日間校長が来ない学校もあります。「日本とオランダは違う」で済ませてしまうのか、学べる部分を探すのかで未来への道は分かれます。残業がなくて子どもの幸福度は世界一位のオランダに学ばない手はありません。

教師がいなくても子どもだけで生活できるなら、それに越したことはありません。あなたがいなくても大丈夫な状態を目指す学級経営をしていくのは、まさに自立に向けた教育活動です。

28

お疲れ先生は目の前の成果を求めるが、幸せ先生は長い目で見ることができる。

お疲れ先生は…

この子はなんで思ったように成長しないんだ。

子どもや自分を責めたい。

幸せ先生は…

焦らず、今できることを精一杯。

きっとどこかで花開くよね。

長い目で、その子の人生を考える

その瞬間に結果が出ることばかりが教育じゃないと頭ではわかっていても、それでも少しでも成長や変容を引き起こしたいのが教師の性です。教師として最大限の努力をしてもそれで花開くかはわからないし、まいた種がずっとたってから教師の知らないところで花開くことだってあります。そのことを体現する先生に出合ったエピソードを紹介します。

教員時代に同僚だったベテランT先生は茶目っ気があり後輩思いで、実力もあり校内の信頼を一身に集める人でしたが、ある会議の場で、数年前を振り返って発言しました。

T先生が担任していた学級で児童の問題行動が起こりました。担任であるT先生を中心に様々なアプローチをしましたが、年度末までに完全な解決にはなりませんでした。しかし、年度が替わりクラス替えと同時に担任が変わると、しばらくして問題行動はピタッと収まり子どもの表情は明るくなりました。「正直、自分が担任している間は解決できなかった」とT先生。私はその後に「力不足で申し訳ない。無力だった」と反省の弁が続くのかと思って聞いていました。しかし、そうではありませんでした。T先生は続けました。

「もちろん次の担任がしっかり子どもの心をつかんだからすごい。けど、私は自分がやったことが全くダメだったとは思っていなくて、自分が受け持った一年間あの子たちに伝えたこと向き合ったことは全くの無駄ではなくて、きっと何か残っていたと思う。翌年良くなったのは、自分のしたことも少しはあの子たちの中に残っていたからだと思う」

私は頭を殴られたような衝撃を受けました。長い目で見るとはこのことか、と思いました。担任として見ている時に変容がなくても、落胆したり自分や誰かに責任追及したりしている場合ではないのです。T先生は短期的な視点ではなくもっと長い目で見ていたのです。必ず結果を出すつもりで関わるけれど、必ずしも目に見える結果が伴うものではない、という矛盾を認めながら、それでも真剣に関わり続けていたのでした。

授業や学級経営の質を高め続けるのは当然です。しかし、それが「この一時間の授業で」「自分が担任している間に」という焦りになると、子どもへはプレッシャーでしょう。子どもたちは健気に応えることが多いものです。しかし、前にも述べましたが、啐啄《そったく》同時でありタイミングが大切なのです。

先生たちへのヒアリングでは「自分が焦ってしまうことが子どもに申し訳ない」と心を痛めている先生たちに出会うことがあります。ある先生が、計算の苦手な子に休み時間もつきっきりで個別指導をしたところ、その子は学校が大っ嫌いになり登校を渋るようになりました。この先生は「良かれと、先生としてするべきことだと思っていた。でも何か違っていたのかも」と落ち込んでいました。

他にも、「子どもたちのペースを大切にした授業をしたいのに、今日教えなければいけないことが多くて、ついてこられない子を睨んでしまった」「ペース通りに進めないと学期末までに終わらないので焦り、つい輪を乱す子を厳しく叱ってしまった」…。睨んだり叱ったりしてしまってから自己嫌悪に陥ったという悩みです。これを「教師として考え直せ」というのは簡単ですが、長い目でその子の人生を考えるということは必ず同時にもっていたい視点であり、睨んだり叱ったりした自分を責めている先生にはそのことがわかっています。だからこそ悩んでいるのです。

私はこの先生たち個人の資質だけの問題にするのは解決にならず、こうした悩みが表出するのは現在の教育の在り方への警鐘だと思っています。

ゆったりと「その子の一生」を意識できるような教育を実現させるためには、部分に働きかける小手先のことではなく、全体的な枠組みも含めて学校教育の「そもそも」を議論し、日本の教育の在り方を考え直していきたいと思います。

29

お疲れ先生は何かあってから保護者に伝えるが、幸せ先生は子どもの成長を日々保護者に伝える。

お疲れ先生は…

何かあったら保護者へ連絡。

↓

また後手後手に…。

幸せ先生は…

事が起こる前から保護者に連絡。

↓

喜んでもらえたし、自分もうれしい！

先手必勝

「素敵なお子さんに育ててくれてありがとうございます！」

良いところがあれば付箋や連絡帳に書いて、その日のうちにすぐにお知らせするのはおすすめです。始業式初日に手紙を渡すこともあります。「机を整えるのを○○さんが率先して手伝ってくれました。とてもうれしく思いました」、「○○さんが真っ先に元気に挨拶をしてくれたので、初日からこちらもとても元気になりました」など。

子どもについて感心したことはできるだけ保護者と共有して喜び合いたいし、そんな子どもに育ててくださった感謝を伝えたいと思います。自分も相手もハッピーになれる上に、保護者との信頼関係のきっかけが作れて一石二鳥です。

Y先生の実践はこちらです。

ふと思いつきでその子の連絡帳にその素敵な姿をつらつらと書いてみました。その翌日、「家では学校のことを全然話してくれないので、とても不安でした。でもコメントをいただいて安心しました。とても嬉しいです」と返信がきました。それを見て、ああそうかと。その保護者にとって学校はパンドラの箱みたいで、やっぱり実際に見てないし、家の中でも学校のことをなかなか聞けないんだなーと思いました。

（中略）なんて思いで、ぱっと試してみようと思いついたのが、「Ｇｏｏｄカード」を連絡帳に貼ること。子どもがもつ連絡帳が、家の中でのふとした話題の一つになるといいなと願いつつ…今度の個人面談などでどんな反応がくるのだろうか…？　と、日本酒を飲みながら考えています。

Y先生はライフの時間で参加したセミナーで「地域や保護者との関係」を考えるきっかけがあり、「担任レベルでできることは何だろう」という問いが頭の中にあったので、「ふと思いつく」ことができたといいます。まさに仕事と私生活の好循環です。日本酒を飲みながらというのがまたいいです。リラックスしている時はアイデアが湧いてくるものです。

介護士さんに聞いた話ですが、介護施設でも似た工夫をしているそうです。「本日の当番の○○です。よろしくお願いします」、とあらかじめ言っておくことで入居者の安心が生まれるので、ナースコールが減るといいます。

あらかじめ安心を届けることができれば、相手にも自分にもうれしいものです。

保護者が学校との距離を近く感じるのはどんな時だと思いますか？
保護者向けのセミナーの中で「学校を近いと感じる時」を考えてもらうと、どの会場でも多いのは「先生と個人的につながれた時」です。出身地が同じだとわかった時、目が合ってニコっとされた時、ちょっとした世間話ができた時、名前を憶えてくれていた時、などなど…。

私にも思い当たることがあります。教員の時、年度初めの保護者懇談会で私自身が自己開示するようにした年は、保護者とそれまでよりずっと上手くいくようになりました。それまでは、学級の様子や発達についてや今年度の見通しなどを伝える保護者懇談会をしていました。しかし、なぜ教員を一度辞めてまたなったのか、自分の教育観を形作った経験や出身地についてなどのパーソナルなことを話すようになってからは、気軽に話しかけてもらえることが増え、教師と保護者というだけではなく、人としてつながれる場面が増えました。それに伴って、小さなミスを問い詰められるようなことは圧倒的に減りました。

あなたがどんな人なのかを知ってもらうこと。教師人生を楽しく伸びやかなものにするためにはおすすめの観点です。

30 お疲れ先生の学級懇談会は距離が遠いが、幸せ先生の学級懇談会は距離が近い。

お疲れ先生は…

連絡事項中心の懇談会。

→ （読めばわかるのに…）と思われている。

幸せ先生は…

楽しい懇談にしよう！

→ 「仕事を休んででも行ってよかった」の声が！

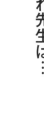

保護者懇談会を大切に

保護者懇談会を工夫することは、かけた労力以上の効果が見込めるので、ぜひ力を入れたいところです。ポイントは二つ。

・あなたの人間性を知ってもらうこと
・保護者同士のつながりを作ること

です。

①あなたの人間性を知ってもらうこと

良い人間関係を作るためには、保護者に自分について知ってもらうことが大切です。例えば、

・なぜ教員になったのか
・休日の過ごし方・出身地・家族など（パーソナルな部分）

・子どもたちとどんなやりとりをしている時が幸せか
・どんな子どもだったか（いい面も悪い面も）

などを伝えます。質問を受けてもいいでしょう。あなた自身の経験を話すので事前準備もいりません。

先にも述べましたが、保護者との距離を縮めるには、生身の人としての自分を知ってもらうことです。こちらが心を開けば保護者は好感をもってくれる可能性が上がります。

残念だった例を一つ。ある学校のPTA行事で、異動したての先生をよく知るために「先生に聞いてみよう！」という企画がありました。新しく来た校長先生の対応が非常に残念だったことがありました。

「教員の個人的なことはNG。子育てについての相談や学校に関することに限定してほしい」と事前に質問内容にチェックが入ったのです。企画していた保護者はがっかり落胆していました。この校長先生が、「先生の人間性を知ってもらうこと」が保護者との関係性づくりに効果絶大だということを知っていれば、きっと違う対応になったでしょう。

とにかく、あなたの学級懇談会ではあなたの人となりを知ってもらえるように工夫すると、ぐっと保護者が近づいてきてくれます。そして、近くなった保護者とは信頼関係が築きやすくなります。気楽に話せるようになって気持ちにゆとりができたり、ボタンの掛け違いから大きなトラブルになることを防いだりすることにつながります。

②保護者同士のつながりを作ること

保護者同士が良い関係を作っていることもメリットは大きいです。

例えば「宿題プリントが入っていないけど今日は宿題なし？」など、担任からすれば「わざわざ電話しなくても臨機応変にしてくれて大丈夫ですよー」ということでも問い合わせの電話がかかってくることもあります。そんな時、保護者同士で気軽にやり取りして解決してくれると、

「今日は宿題なしなのかな？」

「うちの子はないって言ってるよ」

「ありがとう！」

で済むので学校は助かります。

保護者同士で気軽に疑問を解消できるような関係性なら、保護者同士の仲がいいということで子どもはもちろん安心しますし、学校の手間が減る場合もあり、良い効果が大きいです。

私自身は、保護者懇談会で保護者同士が話す場を作ったのですが、担任を離れた翌年にわざわざ声をかけていただいたことがありました。「新しい学年の新しいクラスでは、学級懇談があっても保護者同士の名前を覚える機会がない、もちろん連絡先もわからず、うちの子が周りのお子さんに迷惑をかけた時にすぐに謝ることができないし、どんな相手かもわからないのでとても不安になる。昨年度のように、保護者同士が仲良くなれる学級懇談会って必要だったんだなって思いました」と。

担任は卒業まで付き合えるかどうかはわかりませんが、保護者同士は卒業まで一緒です。保護者の安心材料として横のつながりを残してあげられたら、安心の輪が広がることでしょう。

懇談会の例

・テーマ「おこづかい」
・四人程度のグループでおしゃべり　脱線歓迎
・途中で全体共有やメンバーチェンジ
・担任から一言

盛り上がった最後に、

「保護者の皆さん同士のつながりは貴重な財産になると思います。よかったら今後もつながっておかれると、きっと子どもたちにも安心だと思います。」

と伝えると、連絡先の交換が始まることもあります。

同様の保護者懇談会を実践した先生は、これまでのいわゆる学級懇談会のイメージと大きく違ったために、高学年の保護者から「型にはまらない先生！」「クリエイティブ」と喜ばれたといいます。忙しい中わざわざ足を運んだ保護者に「行ってよかった」「楽しかった」と思ってもらえたら、あなたへの信頼度もＵＰします。

31 お疲れ先生は保護者をお客様にするが、幸せ先生は保護者とチームになる。

お疲れ先生は…

保護者はお客様。

何でも聞き入れて、言いなりだ…。

幸せ先生は…

保護者とはチーム。

子どもの成長について一緒に考えられた！

ぶつかるのは当然

保護者との関係性は教師の幸せ度を大きく左右しているようです。

私自身も、保護者との関係によって、心の平安が大きく違いました。保護者から批判されるとおびえましたし、それが長引けばずーんと落ち込みました。電話をするにも受話器が重く、学校でも家でも気がついたらずっとその保護者のことを考えていて、仕事への集中力が下がり私生活も楽しめません。逆に、保護者と関係性が良いと感じられた場合は、連絡帳を開くのも楽しみでしたし、仕事も私生活ものびのびできました。

コンサルティングではよく「保護者がどう思うかわからないので、これまでと違うことをするのは不安」という声が出ます。これまでと違うことをして下手に保護者を刺激しては、とんでもないことになるというのです。「保護者にはお客様対応を」ということがまことしやかに言われているのが学校の実情です。そこで、学校はできるだけ「先生らしく」して、つつかれる可能性を減らそうとするので、どんどん気楽さが失われていきます。

保護者の方々五〇名くらいのある勉強会の場で、保護者のMさんが「先生はスーパーマンかスーパーサイヤ人と思っていた」と言いました。思わず笑ってしまいましたが、その後が印象的でした。Mさんは全体に向けて、「でも先生も人間なんですよね。傷つくこともあるし、完璧にできない時もあるんですよね」と。周りの保護者たちも、「先生も傷つく…」「確かに」「言われてみれば先生に求めすぎていたかも」という反応だったのです。

先生だって人間だから、弱さもあって当然。失敗もするし、休みも必要。完璧な人間なんていない。そんな当たり前のことがよく忘れられているように思います。役割は「先生」ですが、同時に一人の人間です。「先生はこうあるべき」ということにとらわれていると、保護者は先生に完璧を求め、先生自身は完璧を装うという苦しい関係になってしまいます。

そして先生が人間であるのと同じく、保護者も人間。先生が完璧でないように、保護者も完璧ではありません。先生も親も人間同士なのだから、価値観がぶつかることは当然。だけど、子どもが在校中はずっと付き合う相手なのですから、気楽に、でも尊重し合って付き合いたいのはお互いに共通の想いなのではないでしょうか。

組織の発達段階には、タックマンモデルという次の四つの状態があります。

① Forming　形成期：メンバーが決定し、関係性を築く
② Storming　混乱期：考え方、感情がぶつかり合う

③ Norming　統一期：共通の規範、役割分担が形成されてくる
④ Performing　機能期：チームとして機能し、成果を出していく

混乱を経てチームになるものだと考えると、「意見に違いがあること」は悪いことではないとわかります。価値観の違う者同士がより良い方向性を探す時には、意見が合わないことがあって当然なのです。Aという価値観とBという価値観をミックスさせたり折り合いをつけたりして、共通の価値観Cや規範を作り出していくことが大切です。

私自身この考え方を知る前は、できるだけ相手に合わせるという偽りの協調性を発揮していました。でもチームになるためには、違う意見を隠した上辺だけの関係性では成果は出しにくいですし、以前は引っ込めていた相手と違う意見を、お互いになぜそう思っているのかテーブルに上げてみると着地点が見えてくるという実体験があります。

保護者と教師は、「子どものよりよい育ちのため」という誰しも異論はない大きな方向性をもちながらも、個別具体になると合わないことがよくあります。でも、それは当然であり、よりよい関係性に成熟するためには欠かせないプロセスなのです。共通の方向性に向けてお互いの違いを出し合いブレンドさせて、チームとして機能させることが大切です。

32

お疲れ先生には家と学校しか居場所がないが、幸せ先生には第三の居場所がある。

お疲れ先生は…

学校と家の往復の毎日。

←

特段刺激も変化もない毎日。

幸せ先生は…

自分の居場所が複数ある。

←

日常的に刺激があって視野が広がる機会がある。

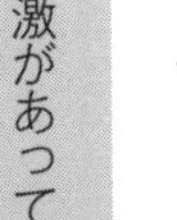

第三の場所をもつ

家と学校以外のコミュニティを第三の場所＝サードプレイスと呼びます。少し広い意味でとらえてみると、例えば、次のようなものです。

・日常的に関わる習い事・サークル・ボランティア
・異業種交流などでの人脈の広がり
・心を許せる友人との食事
・勤務校以外の教員に刺激を受ける場

こうした場があることは人生を豊かにします。リフレッシュにもなりますし、職場や家族以外の人と接することはそれ自体が刺激的です。外の視点と触れることは仕事へのヒントにあふれています。視野が広がり仕事上の当たり前に疑問を持つきっかけにもなります。

忙しいとつい学校のことにほとんどの時間をつぎ込もうとしてしまいますが、それで最も怖いのは、外の世界と触れる機会が減ることです。子どもたちは卒業したらいずれ社会に出ていくのです。その社会と子どもたちをつなぐべき先生たちが社会と触れていないのでは、これから必要な教育はできません。

時代の変化を感じ取って先生自身が進化していくためには第三の場所が救世主です。

別業界とのつながりをもつ

気楽に連絡を取り合える別業界の友人を数名作ると、世界は確実に広がります。

私の場合は教員をしながら習い事や教育イベントに足を運んだことがきっかけで、保育士・フリーランサーなど、これまで出会ったことがない人たちと交流が生まれました。

保育士の友人とは保育園と小学校との接続について熱い対話を交わしたり、小学校一年生でもすぐにできる手遊び歌を教わったりしました。

フリーランスの友人の働き方を知った時に、自分のこれまでの視野の狭さを痛感しました。子どもたちが社会に出た時には、きっともっと多様な働き方があるだろうと感じ、教育観が広がりました。

外の世界の友人との交流は、教師という仕事にも刺激を与えましたし、その後の独立を含めた人生の選択にも大きな影響を与えてくれました。
自分を支える柱が多ければ、どれかが折れても立っていられます。
人脈が多ければ、入ってくる知恵も多くなります。
刺激が多ければ、湧いてくるアイデアも増えます。

忙しすぎて家と学校の往復だけというよりも、実は発想を変えて外の世界とつながりをもつ方が豊かに働けるのです。

33

お疲れ先生は私生活をおまけにするが、幸せ先生は私生活をメインにする。

お疲れ先生は…

あの先生は早く帰るのに何で仕事ができるんだろう？

←

私も時間ができたら…。いつか…。

幸せ先生は…

仕事の質を上げるのは私生活。

←

私生活をメインに過ごすと良い仕事ができた！

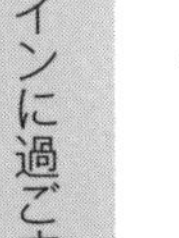

私生活4要素

①体を満たす時間

充分な睡眠時間など、体をケアする時間のことです。健康の土台であるのはもちろんのこと、この時間が充実すると、日中の集中力と活力が湧き、より濃い仕事ができるようになります。労働科学研究所の佐々木司・慢性疲労研究センター長は、

> 一日の心身の疲労は、その日のうちに回復させることが大切だ。働く側が仕事に生きがいを感じる場合も同じだ。仕事の緊張や面白さによって、疲労は容易に隠されてしまう。（中略）一晩眠ったとして、肉体の疲労は眠りの前半に回復し、ストレスは後半に解消する。神経をすり減らしている人ほど長時間眠らないと疲労は回復しない。

と述べています。つまり、仕事が面白くても意識をして睡眠を確保する必要があるし、特に心をたくさん使う先生たちは睡眠の後半までしっかり確保しなくてはいけないのです。

②心を満たす時間

一人で過ごしたり、出会いにわくわくしたり、家族や友人とリラックスしたり、遊んだりする自由な時間のことです。リフレッシュとともに、人生への高い満足感が得られ、心がフル充電の状態で教壇に立つことができます。また、外で刺激を受けて仕事上のアイデアが湧いたり、視野が広がり、学校と社会をつなげる指導ができるようになったりします。

③頭を満たす時間

教員サークルや勉強会、教育書を読むなどの時間のことで、業務としての研修ではなく、自分の貴重な時間とお金をわざわざ使う学びの時間です。直接的な指導スキルだけではなく、教師人生に長く役立つような考え方ややり方を知ることもあります。

わざわざ教員サークルなどの活動に時間とお金をかける人は、教員全体の一〇％だと聞いたことがあります。私の講演などで挙手を促して聞いた感覚ではもっと少なく、だいたい五％以下の印象です。いずれにしても、わざわざ勤務外に貴重なお金と時間を使って学びに行く人達が集まるのですから、質の高い学びと出会いがあります。自分では思いつかない指導法やアイデアを知ることができ、教師としてのレベルアップになることでしょう。

④それ以外の生活時間

育児や介護、炊事家事、手続き、自分の通院などの時間のことです。つい後回しにしたり雑に済ませてしまったりしがちですが、この時間を丁寧に過ごすことで生活が整い気持ちが整います。

これらの四つの時間が充実した質の高い私生活は仕事にもいい影響を与えますので、仕事の質を上げる鍵は私生活にあると思います。

私のところには、ライフの充実がワークの充実につながったという声が講演参加者などから届きます。「幼い我が子と平日お風呂に入るようになったら、仕事での子どもへの声かけが変わった」、「平日夜の有志の教員サークルは校内研修で経験したことのないくらい濃い時間だった。学校にこもって教材研究するよりも効率的だった」、「異業種交流会で知り合った経営者と話す中で視野が広がり学校の前例踏襲に気が付いた」…。

こうした声の主たちも、はじめは長時間労働に慣れきっていて、帰る時に「何かやり残しがあるのでは」と不安を感じたといいます。それでも、いざライフを充実させてみると、「翌日の仕事は回ったたし、睡眠がとれて体が元気なので調子よく仕事ができた」というのです。私自身、めいっぱい学校に残っていた頃よりも、時間を区切って休んだり外の世界に出たりするようにしてからの方が、教員として何倍も良い仕事ができた経験者です。一分一秒でも早く学校を出て、ライフの時間を増やしてほしいと思います。

34 お疲れ先生は平日は帰ったら寝るだけだが、幸せ先生は平日にリフレッシュをする。

お疲れ先生は…

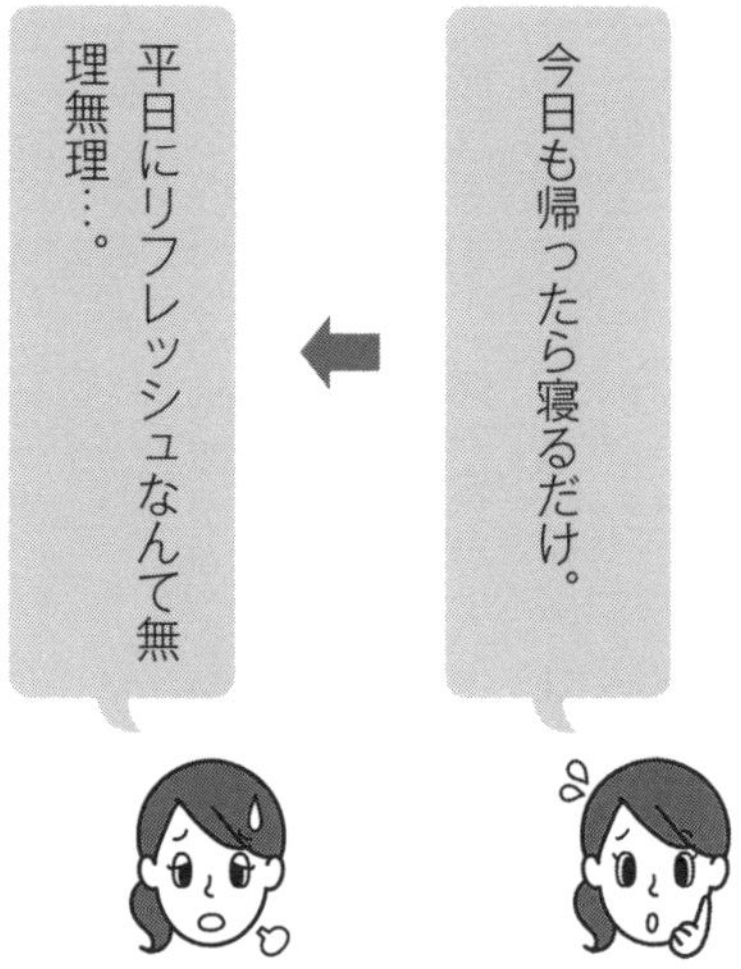
今日も帰ったら寝るだけ。
平日にリフレッシュなんて無理無理…。

幸せ先生は…

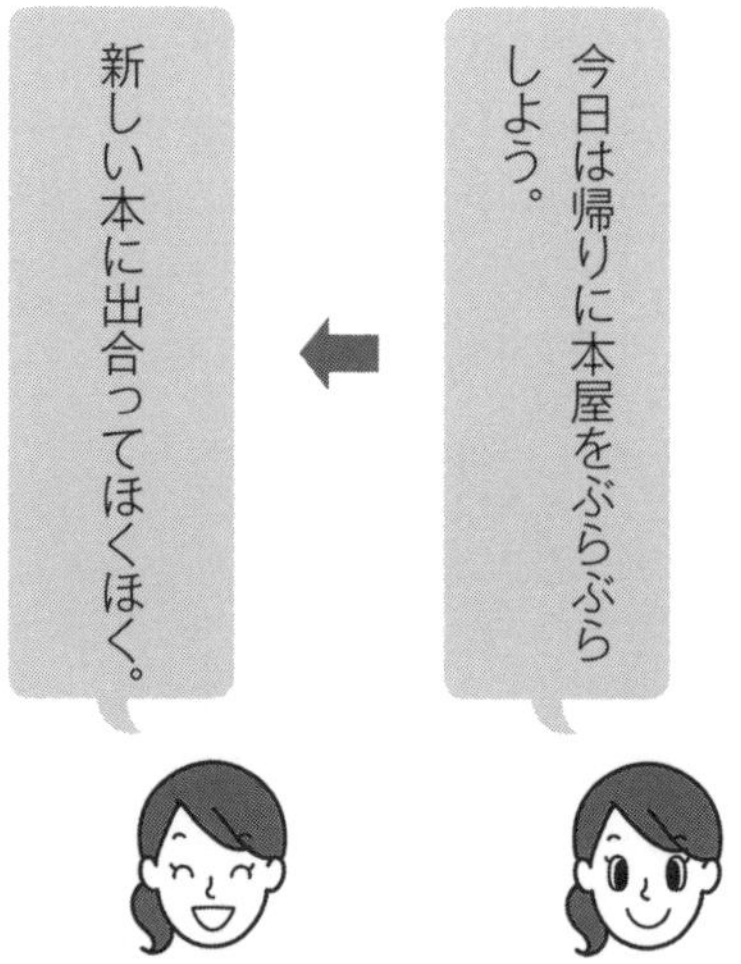
今日は帰りに本屋をぶらぶらしよう。
新しい本に出合ってほくほく。

平日にリフレッシュできているか

残業が多い先生にも様々です。必死で頑張っても仕事が終わらせられず、帰りたくても帰れない先生もいる一方で、学校に残って同僚とおしゃべりしながらゆっくりペースで仕事をするのが好き、という先生も案外多いものです。中には、「学校にいると安心する」とおっしゃった先生もいました。

仕事が大好きなのは私も同じですし、仕事にやりがいを感じられたら人生は楽しいです。ただ、仕事が大好きだから全ての時間を仕事につぎ込んで、趣味は仕事、平日は帰って寝るだけで充分なんだというよりも、仕事も大好きだけど私生活にも楽しみがあるという豊かな人生を送る先生の方が、もっと魅力的だと思います。

常葉大学の紅林伸幸教授によると、「平日にリフレッシュできている先生の方が授業上のアイデアがよくわく」といいます。先程書いた、平日の夜にバスケを始めたY先生はまさにこのことに当てはまります。「平日の夜の時間を、ほんの少し仕事以外の何かに変えるだけで、一週間の活力になっています。アイデアも生み出されます」と言っているのです。リフレッシュは人生を豊かにし、教職人生も豊かにします。

趣味が仕事だという先生たちでも、リフレッシュについて考えてみると、仕事以外にも楽しめることが見つかることはよくあります。

校長先生同士のワークショップで、四人組で話し合ってもらった時のことです。

一人が、「帰ってもすることがないし学校が好きだから、働き方なんて見直したくないんだよな～」と、とても正直に言ってくれました。（校長研修では、日頃校内ではリーダーとして言えないこうした本音が率直に言えるので、こういうこともよくあるのです。）

その時の、周りの三名の校長先生の反応が素敵でした。

「あらま！　何言ってんの～。早く帰れたらテレビ見たりゆっくりお風呂に浸かったりできるよ」「自分は犬の散歩したり、韓流ドラマ観たりしたい」「家族と会話したり晩酌したり…！　もしかしたら映画も観れるかも」

こんな風に言われているうちに、初めの先生も「そういえばずっとしていなかった趣味をやりたくなってきたなあ」と私生活のことを考える目が輝き始めました。

校内研修などで、理想の平日を書いてもらうことがあります。帰宅後にこんなことがしたい、というのを「本当はこんなことがしたいんだよなあ～」と楽しそうにワークシートに記入し周りの先生たちと共有する姿は実に幸せそうです。本屋に立ち寄りたい、友達に会いたい、我が子とゆっくりしたい、晩酌したい、夜釣りに行きたい（!?）、妻と話したい、自炊したい、積読になっている本を読みたい、ジョギングしたい、などなど…。

　こういう小さな日常の楽しみや些細な幸せについて考えるのは楽しいものです。共有する中で、さらにやりたいことが浮かんでくることもよくありますし、「お互いの理想の平日を知ったら応援できるから、これを職員室に貼り出したい」という声が上がることもあります。とにかく楽しそうなのです。

　働き方を見直してできた時間を、どんなわくわくすることに使うのか。まずはそれを考えることが、行動へとつながっていきます。教師自身が豊かな人生を送っていいのです。ゆとりと遊びのある先生は素敵だと思います。

　また、起きてから一三時間で人間の集中力は酒気帯び運転並みになるという研究があります。ということは、朝六時に起きた人は、夕方七時以降は酒気帯び運転並みの集中力です。集中できないのに頭を使うのは、切れない包丁で調理しようとするようなものです。この時間に重要な会議をしても集中力が途切れてアイデアが出なかったり、採点業務をしてもミスが出やすくなるので二度手間を招く可能性が高くなったりします。平日夜はリラックスやリフレッシュに使いましょう！

35 お疲れ先生は自分を後回しにするが、幸せ先生は自分を大切にする。

お疲れ先生は…

自分のことは後回し。

←

自己犠牲でボロボロ…。

幸せ先生は…

自分を大切にしよう。

←

自己投資で資質UP!

自己投資を惜しまない

幸せ先生はプロフェッショナルな教師としての意識が高いので、自分の状態をよりよく保ったり、自分を成長させたりすることに時間やお金を使います。

幸せ先生は自分が学校の資本であることをよく知っています。ですので、どうすれば自分が一番いい状態で子どもの前に立てるかを考えています。自分を大切にする自己投資を惜しまないのです。

様々な自己投資

自己投資にはもちろん自分を成長させるための「学び」も含みますが、それ以外にも様々なことを含みます。

例えば、睡眠をしっかりととって、仕事の間は集中力高くいようとすることも自己投資です。必要な睡眠時間を自分に投資することで、仕事のパフォーマンスは上がります。思いっきりリフレッシュすれば新しいアイデアが浮かびますし、新しいチャレンジへの活力が湧きます。

また、平日の疲れはその日のうちに解消し、リフレッシュして翌日に持ち越さないようにします。疲れる前に休むようにしたり仕事に緩急をつけたりもしています。なので、休日だからといって午後まで「寝だめ」をするようなことはめったにありません。休日を大切に過ごし、仕事への相乗効果をもたらします。

仕事と全く関係のない趣味に没頭するリフレッシュもします。幸せ先生は、仕事が好きではありますが、人生の時間を在校時間や持ち帰り仕事につぎ込むことはしません。でも、仕事が好きゆえに、お風呂でリラックスしながらもふと学校でのことを考えていることがよくあります。仕事が好きなので、全く違うことをしていても仕事上のアイデアが湧いたり、全く違う話なのに仕事に使えるアイデアのように聞いていたりするのです。

例えば、次項で述べる「自助・共助・公助」の話は実は私が家族で地域の防災イベントに参加した際に聞いた防災についての話の中からひらめいたものです。私は現在の仕事が好きでライフの時間でも見聞きすることについてごく自然に「学校の働き方に絡めて考える」のが癖になっているのです。リフレッシュで仕事と全く関係のない体験をしているのに無理なく仕事でのアイデアの素が蓄積していくような感覚で、仕事と私生活の好循環を実感する日々です。

自分を良い状態に保つ

一見すると、自分を後回しにしてでも仕事に時間を使うことは「先生のあるべき姿」「素晴らしい先生」のように見えます。しかし、それで病気になってしまったら、子どもへ与えるショックは計り知れません。

教師として、子どもの成長のために働くという責務は当然果たさなければいけませんが、そのための資本である自分自身のケアを後回しにしていないかどうかの点検は必要です。自分自身を大切にしましょう。

36

お疲れ先生は行政支援しか目に入らないが、幸せ先生は個人や学校裁量にも目を向ける。

お疲れ先生は…

自分や学校で解決できることなんてない。

←

人員を増やすしかない。

幸せ先生は…

自分や学校で工夫することも大切。

←

できることはたくさんある。

「自助・共助・公助」の考え方

防災用語に「自助・共助・公助」というのがあります。

自助…自分の命を自分で守ること
共助…周りと協力して生き延びること
公助…公の支援

働き方についてもこの考え方は当てはまります。

自助…自分自身のタイムマネジメント、自分の時間を自分で確保すること、自分の健康を自分で守ること、個人裁量
共助…学校や学年としてのタイムマネジメント、周りと力を合わせて時間を生むこと、学校裁量
公助…行政支援、ICT支援や人的支援、業務アシスタントや部活動支援員、部活動

ガイドライン、域内指定閉庁日、教育委員会や国の裁量

①自助

自助は、自分で自分の働き方・生き方を見直すことです。自分の仕事を自分で管理して選択と集中させることも自助です。

中学校教員の部活動についてのブログ「真由子先生のブログ」がよく知られていますが、「真由子先生」は部活動の顧問を断っています。部活動指導で「身体が悲鳴を上げた」「精神も音を上げた」経験があり、断ることに決めたそうです。

周りへの影響や自分自身への風当たりも考えると簡単にできることではないと思いますが、実は部活動は教育課程外なのでこうしたことは可能です。

タイムマネジメント以外の自助の一つの例と言えるでしょう。

②共助

共助は、学年や学校といったチームで働き方を見直すことです。教師には、自分の裁量範囲のものだけではない仕事がたくさんあります。そのため、共助が欠かせません。

共助には次のように様々なことが含まれます。

・教材の共有化、作成分担
・教科担任制
・補い合って年休を取ること
・学校全体を見て仕事をデザインし直すこと
・カリキュラム・マネジメント
・業務の平準化
・部活動の引率交代制や再編　など

共助には話し合うための時間が必要ですが、その時間は未来への投資です。
共助には校内だけでなく様々なレベル感のものがあります。

・教諭であれば、他校メンバーのいる教員サークルの仲間と助け合うこと
・校長であれば校長同士で知恵を出し合うこと
・学校と地域保護者が一緒に考え行動すること

これらも共助です。

③公助

公助は言わずもがな、行政が努力する部分です。行政が学校に降ろしている仕事を見直したり、予算的支援をしたりといったことです。

自助・共助・公助のどれも大切

授業時数がその典型ですが、これまで学校は、国の動きに振り回されてじわじわと仕事が増やされてきた経験があります。教育予算が他の先進国に比べて少ないことはすでに広く知られています。教職員の人数に比べて業務量が多すぎるのは明らかなので、人的支援を含めた支援や、余計な仕事を増やしていないかの見直しは行政がしなければなりません。

とはいえ、「働き方見直し＝行政のするべきこと」というように、自分と切り離して、現場の人間が公助だけを待っているのでは改革は進みません。公助以外に、自助と共助の努力がなければリバウンドします。そして何より、自助と共助で自分たちの仕事を改善するのは楽しいものです。校内業務の見直し研修では「自分たちの学校を自分たちで作れるなんて夢のようです」「わくわくします」「業務改善は学校を元気にしますね」等の感想が出ています。本来、人は自分で自分の生活をよりよくしたいと思っているものではないでしょうか。

私のコンサル現場での肌感覚ですが、締め付けのきつい自治体に設置された学校の教職員は無力感が強い傾向があります。「自分たちが声をあげても無駄」「自分たちにできることなんてない」と、始める前からあきらめてしまっていることが多いのです。この教職員の姿が思い当たる自治体は、学校裁量範囲にまで口を出しすぎたり管理的になりすぎていないか振り返っていただきたいと思います。

また、各自治体が出す学校の働き方見直しプランなどを見るとわかりますが、共助は見当たらないことがほとんどです。だいたいが公助である行政支援に偏った内容であり、あとは、自助にあたる「教職員の意識改革とタイムマネジメント」が一行程度掲載されているという現状です。

しかし私のコンサル経験では、共助こそがキーであり共助がうまく機能すれば働きやすい学校を実現することはできます。これについては次の項で詳しく述べていきます。

37

お疲れ先生は「話し合っても無駄だ」と言うが、幸せ先生は「話し合うって楽しいね」と言う。

お疲れ先生は…

働き方を見直すために話し合う?

↓

その時間がもったいないし無駄!

幸せ先生は…

話し合うって楽しいね。

↓

良い変化がうれしいね。

未来への投資という感覚

先程述べた通り、周りの人と力を合わせて働き方を見直すことを共助といいます。共助には、「知恵を出し合う」という「未来への投資」の時間が必要です。

一時間を「投資」して話し合った結果、年度明けを待たずとも翌日や翌週や翌月から、

・教員全員に毎週三〇分のまとまった事務作業時間ができた
・毎朝一〇分の時間が教員全員に生まれた
・週に一回担任もゆっくり職員室で昼ご飯を食べることができるようになった
・運動会シーズンなのにいつも通りの時間に帰ることができた

などの成果を出すことができました。一時間の投資でのリターンとしてはとても大きいものです。

これらは、「明日から時間を生む『時間予算ワークショップ』」という、先生の幸せ研究所のコンテンツでの成果ですが、まずはあなたの周りの人と愚痴やアイデアを出し合うこ

とから始めてもいいと思います。

はじめは公助しかないと思っていた先生たちも、こうした話し合いで目に見える時間が生まれることを体験すると、自分たちの裁量範囲は案外広いのかも、と気づき共助に目が向き始めます。言いにくいこともテーブルに上げて課題を解決できるようになっていきます。学校裁量の範囲は実は広いので、そのことに気づくと夢が広がります。「話し合った方が時短だ」という声があがったこともありました。

中身の伴った改革にするために

トップダウンで降ろしても教職員は納得しにくいことが多く、面従腹背で改革は形がい化しているのをよく見かけます。決定までのプロセスを共有して、教職員の納得度を高めることが、中身の伴った学校改革には欠かせないというのが、学校現場で数多くコンサルティングしてきた私の経験から言えることです。

教職員が腑に落ちていなければ、「前のままでいいじゃないか」という不満が出て頓挫したり、形だけ従うけれど実は何も変わらないということになったりします。

あなたが管理職や校内の働き方委員会チーフで、もし、密室で考えて決定事項として降ろしているとしたら、今は上手くいっていてもそのうちにアイデアが尽きたり孤軍奮闘することになったりする可能性が高いので、全員参加型の学校改革の手を打っておくといいと思います。

下の図は、働き方見直しの実行段階において、「教職員の当事者意識」「リーダーの孤軍奮闘度」の二つの観点から、職員室の状態を整理したものです。学校という業種においてもっとも効果的でリバウンドしにくい働き方見直しは、図の右側③の状態です。

ポイントは以下二点です。

- 教職員の当事者意識と参画度はUP
- リーダー（管理職やチーフ）の孤軍奮闘度はDOWN

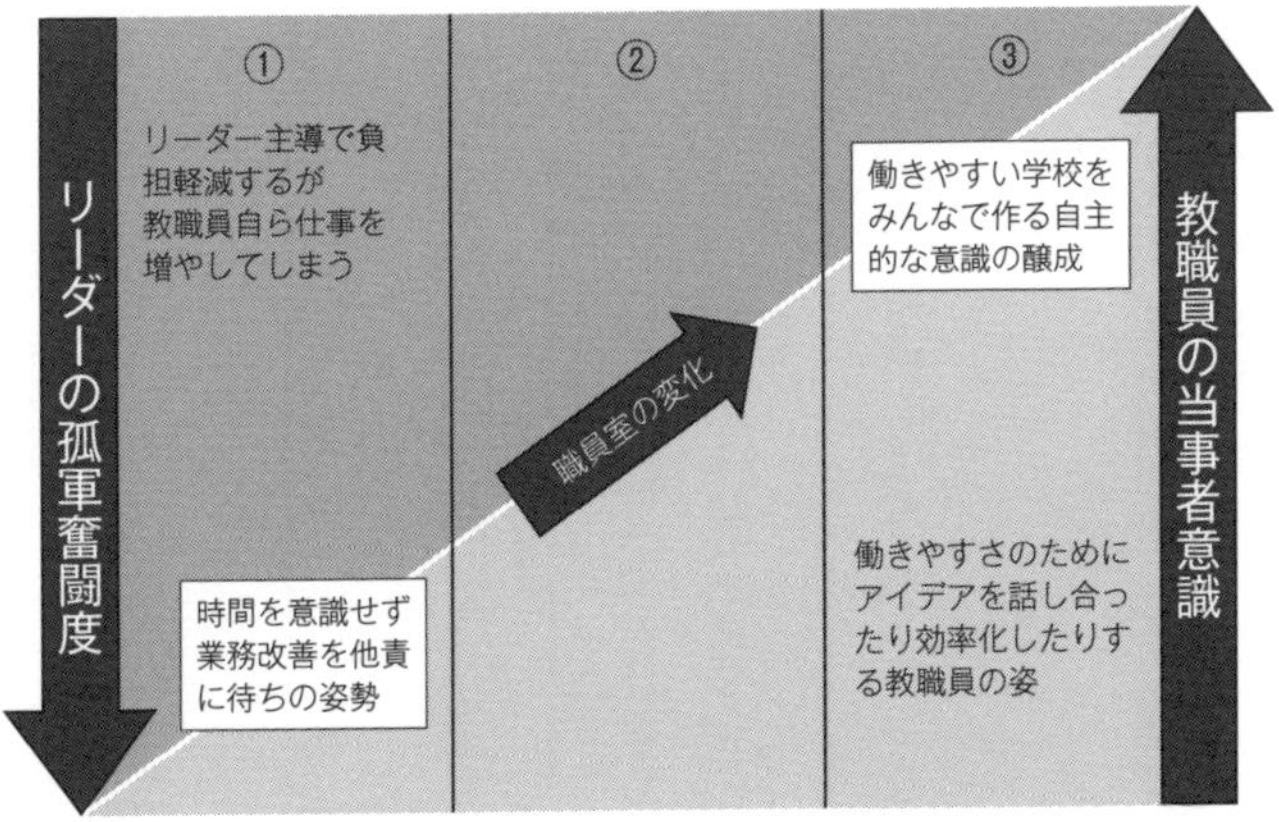

以下の三つの姿ははっきりと線引きできるものではありませんが、あなたの学校はどれに近いでしょうか。自己診断のつもりで読んでみていただきたいと思います。

①リーダーの孤軍奮闘度：高

・働き方見直しの発案も実行もほとんどリーダー
・リーダーが教職員から意見を聞く機会といえば、アンケートや面談や会議の場が主

リーダーがせっかく削減や平準化で時間を作ったのに、当の先生たちが自ら別の仕事を増やしてきてしまい、教職員の生活時間は思ったように増えなかったという相談が多いのはこのフェーズの学校です。

本当の課題や教職員のニーズを把握できていないこと・組織的に解決しようとしていないことが原因の場合が多いです。

②リーダーの孤軍奮闘度：中

・意見箱やアイデア掲示板で気軽に意見やアイデアを出せる場がある

・具体的に考えて実行するのはリーダーやその周辺人物

出したアイデアがその後どうなったのかがわかりにくいことが多いため、「言ったのに採用されなかった」「『できる範囲で』とうやむやにされた」と教職員が感じると、「どうせ言っても無駄」「お任せでいいや」とお客さん状態の者が増えることがあります。

③リーダーの孤軍奮闘度：低

・意見やアイデアを出せる場所や機会があり、ボトムアップで実行に移せることが保証されている
・ボトムアップとトップダウンのバランスがいい主体的な働き方改革
・全員参加型の改革

不満を愚痴で終わらせずに解決するので、職員室が明るくなります。教職員のプロジェクト学習のような雰囲気です。参画意識が高まり、幸福度も改革の成果も高まります。

密室で限られた人だけで話し合うと、話の流れを知らない人はいつまでも外野のお客さん状態です。それではいつまでたっても自分ごとにならず、助けを待っているのと同じで、決定者とそれ以外の者との意識の乖離や対立構造が生まれやすいのです。

話し合うって楽しい!

「時間予算ワークショップ」は学校に特化して作ったコンテンツなので、先生たちが実に楽しそうです。よくある感想は、

- できることがまだまだあると思った
- 数年来モヤモヤしていたことが言えた
- 学校の未来を考えてわくわくしたし、仲間がいることがわかった

といった非常に当事者意識の高いものです。

すでに上手なトップダウンで二年間改革を進めてきたある学校がありました。三年目の取り組みには外部コンサルをということで依頼を受け、時間予算ワークショップをしまし

た。開始前に校長先生は、「できることはすでに二年間で沢山やっているから今日はアイデアが出ないんじゃないかな」と言っていましたが、ふたを開けてみれば一〇〇個以上のアイデアが出たこともありました。

隣の人の発言に刺激を受けると、以前思っていたのに忘れていた効率化のアイデアや突飛なアイデアまでざくざく出てきます。とてもわくわくしますし、たくさん出た中にはキラッと光るアイデアが必ずあります。

「知恵を出し合う話し合い」という未来への投資は、管理職やチーフの孤軍奮闘を解消し教職員の納得度を高める、学校全体にとって幸せな方法だと思います。

38

お疲れ先生は多くの「よさそうなこと」をするが、幸せ先生は少しの「本当にいいと思うこと」をする。

お疲れ先生は…

よさそうなことはどれもやりたい。

←

多すぎて消化不良…。

幸せ先生は…

本当にいいと思う少しのことに力をかけよう。

←

感動レベルの仕事ができた！

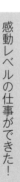

衛生要因・加点要因・感動要因

「衛生要因」について、38頁で紹介しました。教育活動の土台になる三つ（子どもの心身の安全・先生の命と健康・日々の普通の授業）のことです。今度は、それらの土台の上に載るものについて考えたいと思います。

①加点要因

土台が揃ったらやっとスタートライン、ゼロ地点です。その上に載せていくものを加点要因と言います。

例えば、掲示物・部活動・研究授業・法的根拠がない行事などがあります。一つ一つはどれもよさそうですが、それらを載せすぎて土台からはみ出てしまうと、ぐらぐらと倒れてしまいます。学校が倒れないように、つまり土台を壊さないように量に気をつけて載せるようにしなければいけないことは38頁で触れたとおりです。

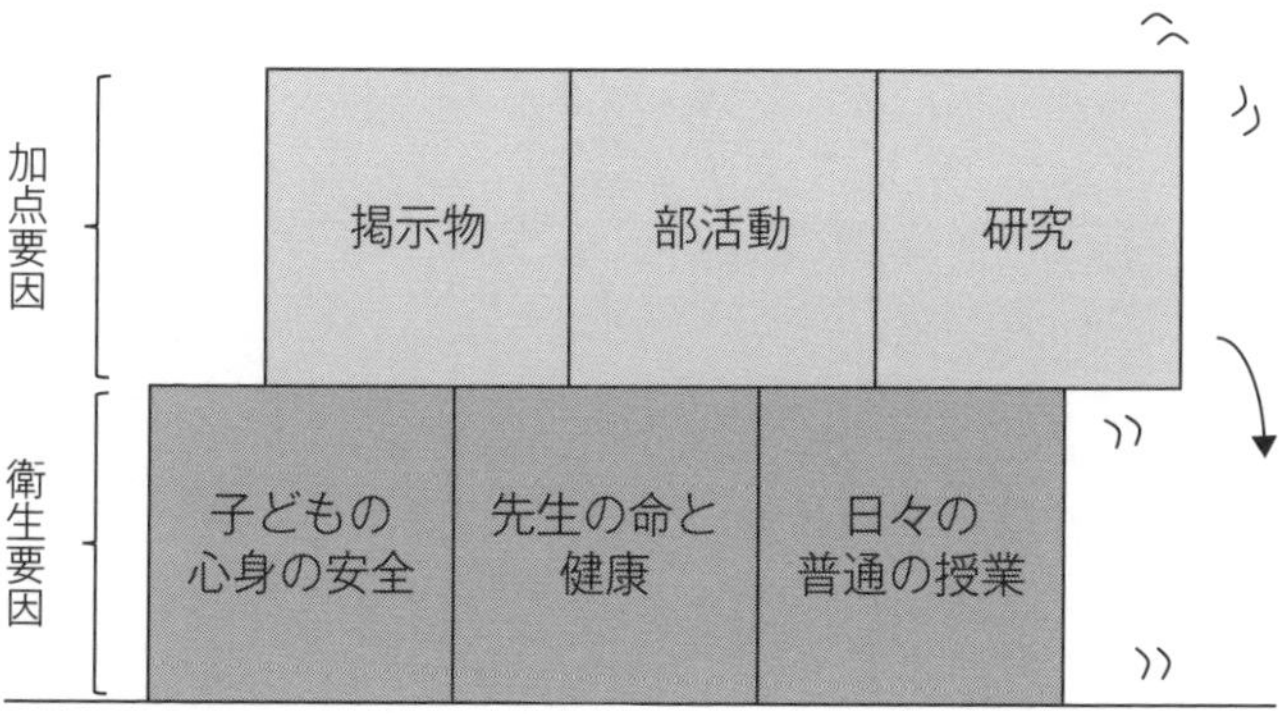

②感動要因

ここではさらに、加点要因の中でも「感動要因」について紹介します。

加点要因をたくさん、仮に一〇〇個載せると、かける力は分散し、どれもあまり力を入れられません。しかし、一〇個に絞ったなら、数は少ないけれどもっと良いものができるでしょう。一点のものが一〇〇個並ぶか、一〇点のものが一〇個並ぶか。

加点要因の中でも感動レベルのものについては「感動要因」と呼びます。幸せ先生としては、感動レベルの教育活動を目指して仕事に大きな喜びを感じたいものです。そのためには、数を絞って力を集中させることです。いわゆる「選択と集中」です。

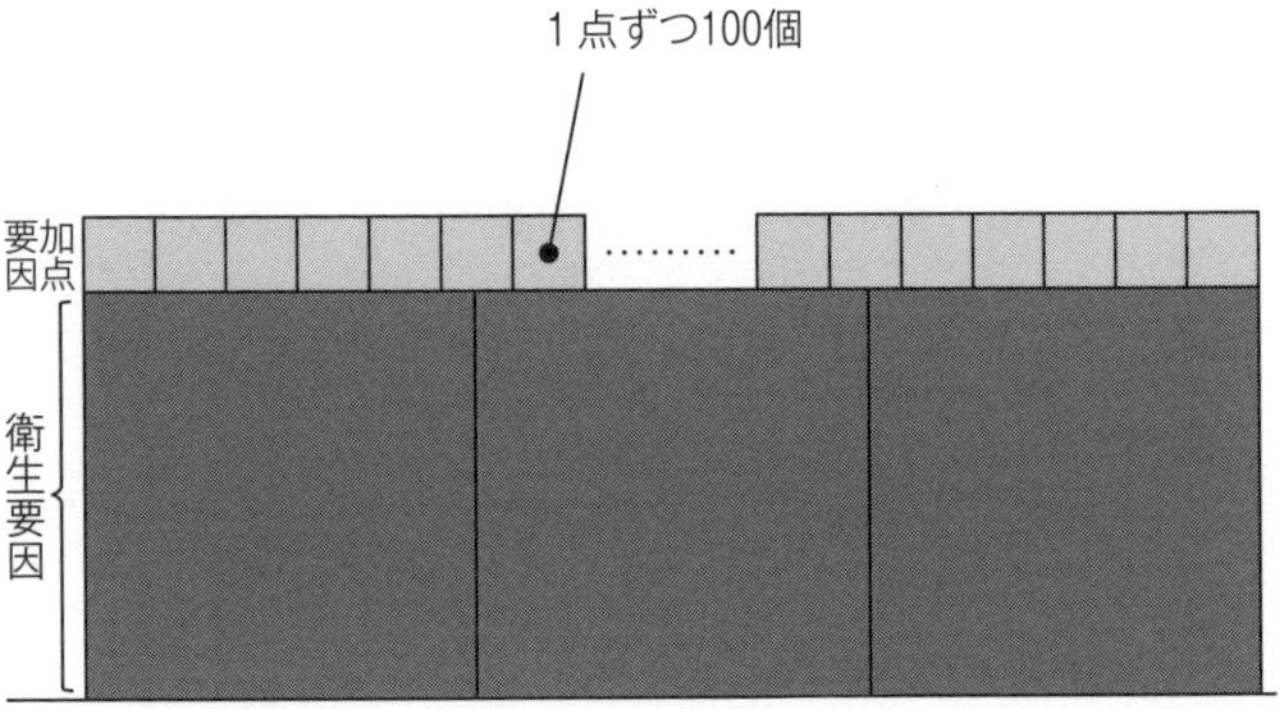

「本当にいいこと」に集中を

ある小学校では、クラブ活動の回数が多すぎて準備に追われ、質が低下していることが課題でした。そこで、回数は半分程度にぐっと減らして、内容も大改革しました。それまでは先生たちが準備に追われていた「守り」の準備だったのが、「攻め」の準備になり、担当の先生たちが嬉々としてクラブ活動に向き合うようになった変化に校長先生が驚いていらっしゃいました。

「よさそうなこと」ではなくて、「本当にいいこと」に時間と意識を集中させましょう。

数は少なくても、あなたも子どもも感動するような仕事ができたら先生冥利に尽きることと思います。

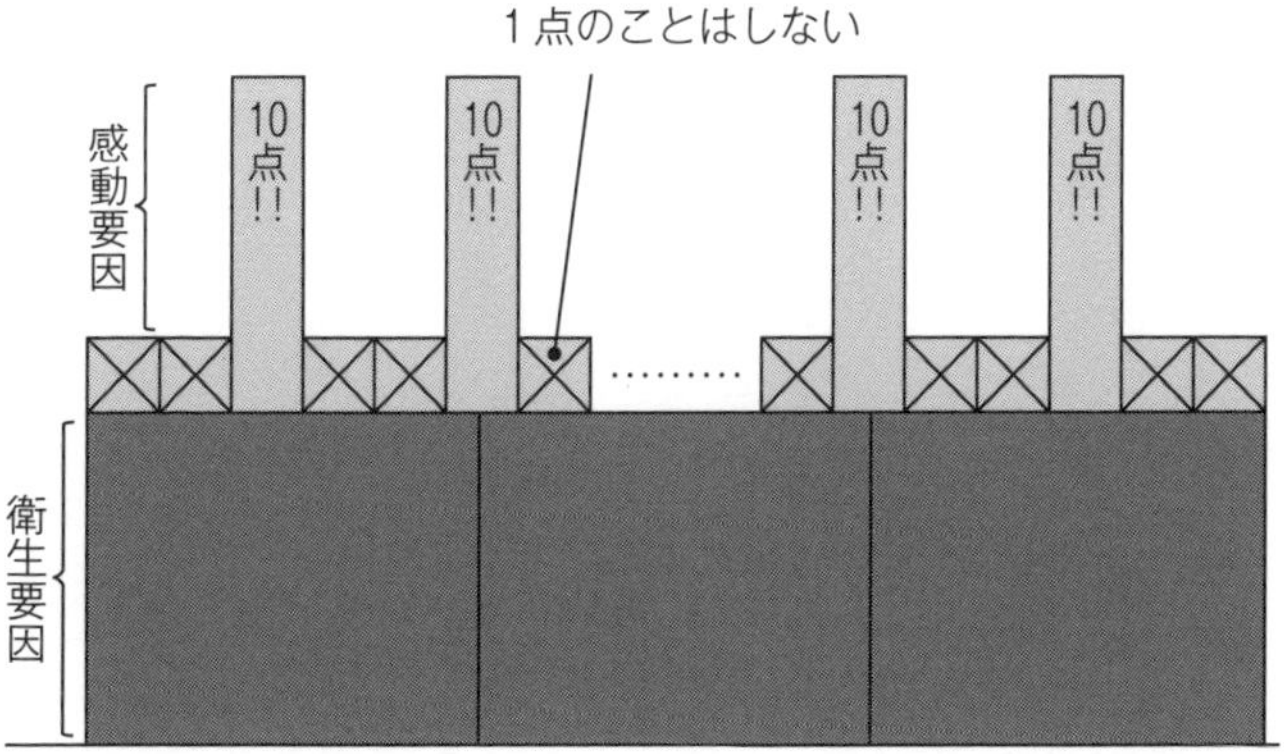

39

お疲れ先生は時間を使い切るが、幸せ先生は時間を投資する。

お疲れ先生は…

ただひたすら子どもと過ごす。

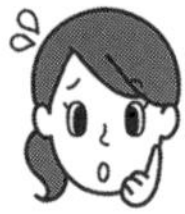

時間をかけた割に、子どもの成長は…？

幸せ先生は…

どうしたらより質の高い時間を過ごせるだろうか？

考えるために時間を投資しよう！

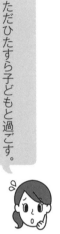

質の高い時間を費やそう

お疲れ先生は目の前の授業準備や、ひたすら子どもと過ごすことに時間を使い切ってしまいます。一方、幸せ先生は「投資」という観点をもっています。子どもの自立や自発的な学びを実現するためにはどうしたらいいかを考え、仕事の質を上げることに時間を投資するのです。

ある先生は、放課後学習（＝子どもに直接かかわること）に多くの時間を割いていましたが、子どもが自発的に学び始める工夫のために時間投資（＝子どもとかかわらないが授業改善を考えること）をしたことで、放課後学習をやめても学力が上がりました。子どもが自発的に学ぶためには、自分（教師や学校や授業）は、どんな変容をしたらいいのかを考えることに時間を投資したのです。

その投資した時間で、子どもの成長と自立のために授業を改善して質を上げたことで、放課後学習がなくてもこれまで以上の成果が出せるようになったのです。子どもとかかわる時間の質を上げるには変容が必要であり、そのためには「子どもとかかわらないけれど長い目で見て仕事について考える時間」が必要です。

教師人生の開拓者レベル※

ここで、「教師人生の開拓者レベル」の診断をしてみてほしいと思います。このレベルを上げていくことに時間を投資していくと、目的がはっきりして時間の使い方が研ぎ澄まされます。あなたが投資した時間のリターンは大きくなり、仕事に追われるのではなく新しい教育創造ができるようになります。

【レベル0】
・人生は時間であることには気がついていない。
・自らの変容を意識することはほとんどない。
・「決められた通りにする」ことが仕事になっている。判断しきれないことはお伺いを立てて処理することにしている。自分の判断基準ではなく周りや管理職に合わせる。権限は充分にもっていないと思っている。（実際にもっていなくても、もとうとしない。）
・目の前の仕事にいつも追われる仕事生活を送っている。私生活と仕事の好循環を生み出そうとすることはない。

【レベル1】

・質の高い時間を過ごしたいが、そのために時間を投資しなければいけないことには気がついていない。

・気になることがあっても、あまり考えないで済む方を選択する自分に少し疑問をもち始めている。「ニーズに応える＝全て受け入れる」「これまで通り」を「子どものためだから」と自分に言い聞かせている。本当の解決のために時間を投資したり、高い視点で保護者や子どもや管理職や同僚にとって耳が痛いけれど大切なことを言い出したりすることはほとんどない。

・学校や自らが決めた枠の中で悩みながらも働いている。

【レベル2】

・時間を投資して考えることの重要さに気がついている。

・自らの仕事の仕方を新しい発想で変えようとしたり、話しにくいけれど「肝心なこと」を話題にしたりすることが少しずつだができ、自分の目指す方向に時間を使うことが増えている。
・前例通りや枠の中での正解探しを脱却しつつあり、限定的な「いい先生像」に振り回されずにゼロベースで創造的なアイデアを考え始めているが、行動に移すことには踏み切れない。

【レベル3】
・時間をかけるべきポイントがわかってきている。
・変化の大きい社会を意識した自分の教育観と、学校が目指すものを意識している。
・周囲と、「肝心なこと」についての話ができ始め、同時に自分の行動変容について意識が高まっている。目的について関心が高い。
・私生活を仕事に還元する前向きな思考が自然と湧いている。

【レベル4】
・自らの変容に時間を投資することができている。

・高い視点で学校教育を見つめ、授業にも校務分掌にも学級・学年運営にもそれがにじみ出ている。
・目指すものが明確になっていて、学校をチームととらえている。あきらめずに試行錯誤を繰り返している。
・自らの判断で行動でき、その結果にも責任をもっている。

※教師人生の開拓者レベルについては、組織風土改革の第一人者柴田昌治さん提唱の「プロフェッショナルレベル」を参考にしています。

40

お疲れ先生は考える時間を放棄するが、幸せ先生は考える時間を捻出する。

お疲れ先生は…

現状を変えた方がいいんだろうけど…。

←

学校には考える時間なんてどこにもない。

幸せ先生は…

現状を絶対に変える！

←

なんとしてでも考える時間を作り出す！

学校は何に時間を投資すべきか

「授業をカットして働き方改革の研修を年間複数回する学校」と聞いて、どう思うでしょうか。学校長を始め多くの先生たちは引きますが、実際にそうしている学校はあります。授業カットに限らず、様々な工夫をして改革に時間を投資した学校は、その後の時間を生んだのはもちろんのこと、教職員の交通事故が減ったり、ストレス度が減ったり、子どもの給食の残食が減ったりしました。つまり、かけた時間以上のリターンを回収しているのです。

過去に、「忙しすぎて教員と必要な面談もできない」と嘆く校長先生がいましたが、それが学校経営にとって良くないとわかっているのなら、どうにかして時間を捻出しなくてはいけません。

かけた以上の時間や価値を取り戻すのだという本気かつ長期的な投資の視点でよく考えてください。適切な投資ができれば、それは結果的に子どもと向き合う時間の質を上げ、大きなリターンとなります。

なお、文科省も指摘していますが多くの学校では余剰時数を取りすぎています※。

念のために付け加えておきますが、私は「授業をカットすることが正解」と言っているのではありません。話し合いに必要な時間が捻出できていない上に授業時数が標準以上であるならば、授業カットも一つの選択肢です。

他にも、企画会議の裏の時間を使ったり、研究テーマを「業務改善」にしたり、まずは学年で始めてみたり等、工夫はできます。こうした工夫で業務改善のための時間を捻出している学校は実際にあり、成果を出し始めているのです。

必要なことを話し合える学校へ

「うちの校長では無理だ」「同僚に働きかけるなんてハードルが高すぎる」と思われたでしょうか。確かにとても頭の固い校長先生や話し合うことを嫌う教員も少なからずいます。でもここまで読み進めて来られたあなたは、「教師のゆとりは子どもを輝かせるし、学校として取り組むには話し合いへ時間の投資が必要だ」と感じ始めていると思います。実際にそうした機会を作ると、「話し合う方がむしろ時短になる」という声が出てきます。もしあなたの学校でまだそうした機会がないのであれば、まずは有志を集めてでも始めてみてください。

※「不測の事態に備えることのみを過剰に意識して標準授業時数を大幅に上回って教育課程を編成する必要はない。」（平成31年3月29日付「平成30年度公立小・中学校等における教育課程の編成・実施状況調査の結果及び平成31年度以降の教育課程の編成・実施について」）

おわりに

ワーク・ライフバランスに出会う前、教員を始めた頃の私は、心も体も疲れ切って「辞めたい…」「こんなはずじゃなかったのに…」と悩んでいました。チェックリストの「からから先生」は、ボロボロだった過去の私のことです。当時の私に知らせたいなあと思うことを、この本に書いています。

もし同じように悩んでいる先生のお役に立てたなら、こんなにうれしいことはありません。

先生のゆとりは子どもの輝きに直結します。まずはあなたが、自分を大切にして幸せなワーク・ライフバランスを実現させてください。やがて、あなたからにじみ出る幸せ感や心のゆとりは、教室でも職員室でも私生活でもじわじわと周りにいい影響を与えることでしょう。

四〇の習慣の中には、個人の先生ができることだけではなくて、学年や学校として行動するといいことも盛り込んでいます。それは、私が学校専門ワーク・ライフバランスコンサルタントとして全国の学校現場に関わる経験から得たものです。

周りの人と協力して解決したいこともあると思います。そういう時はぜひ、周りを巻き込んでみてください。周りの先生にもゆとりを生み出せたら、あなたを含めた学校全体がもっと元気に幸せになります。

私は、日本中の先生に幸せな働き方を広めるために、学校の外に飛び出して先生の幸せ研究所を立ち上げました。本当のワーク・ライフバランスを、さらに広げていきたいと思っています。

本書を通して出会えた全ての方と、機会を作ってくださった編集の大江様、関係する皆様に心から感謝を込めて。

二〇二〇年二月

澤田　真由美

【著者紹介】

澤田　真由美（さわだ　まゆみ）

1981年生まれ。東京都出身。青山学院大学卒業後，東京都と大阪府の小学校教員として約10年間勤務。教師として悩みぬいた自身の経験から，技術も心も豊かな幸せな教育者を増やしたいと，2015年４月に独立し『先生の幸せ研究所』を設立。幼稚園・保育園・各校種・教育委員会におけるコンサルティング・講演等実績多数。「先生のゆとりは子どもの輝きに直結する」ことを広めるべく地域・保護者の啓発も手掛ける。
ライフでは教育について気軽に語れる場『教育お茶会』主宰。
やんちゃな一児の母。長身。

「幸せ先生」×「お疲れ先生」の習慣
唯々忙しいだけだった教師生活が劇的に充実する40の行動術

2020年３月初版第１刷刊　©著　者　澤　田　真　由　美
2021年12月初版第３刷刊　発行者　藤　原　光　政
発行所　明治図書出版株式会社
http://www.meijitosho.co.jp
（企画・校正）大江文武
〒114-0023　東京都北区滝野川7-46-1
振替00160-5-151318　電話03(5907)6702
ご注文窓口　電話03(5907)6668

＊検印省略　組版所　株　式　会　社　カ　シ　ヨ

Printed in Japan　ISBN978-4-18-292511-5